유럽의 나르시시스트 **프랑스**

똘레랑스에서 라이시테까지 + 이선주의 프랑스 내면 읽기

유럽의 나르시시스트 프랑스

이선주 지음

민연

똘레랑스에서 라이시테까지 + 이선주의 프랑스 내면 읽기
유럽의 나르시시스트 프랑스

지 은 이	이선주
2005년 8월 25일 초판 1쇄 발행	
편 집 주 간	김선정
편　　　집	여미숙, 이지혜, 조현경
디 자 인	임소영
마 케 팅	권장규
펴 낸 이	이원중
펴 낸 곳	민연
출판등록일	1999년 8월 2일
등록번호	제10 - 1799호
주　　　소	(121 - 854) 서울시 마포구 신수동 88 - 131호
전　　　화	(02) 716 - 4858
팩　　　스	(02) 716 - 4859
홈페이지	www.jisungsa.co.kr
이 메 일	jisungsa@hanmail.net
출　　　력	경운출력회사
종　　　이	대림지업
인　　　쇄	천일문화사
제　　　본	영신사

ISBN 89-951212-8-9(03810)
　　　　89-951212-7-0(세트)

* 잘못된 책은 바꾸어드립니다. 책값은 뒤표지에 있습니다.

이 도서의 국립중앙도서관 출판시도서목록(CIP)은 e-CIP홈페이지(http://www.nl.go.kr/cip.php)에서 이용하실 수 있습니다.(CIP제어번호 : CIP2005001625)

하늘에 계신 아버지와 땅에 계신 어머니께 감사드리며

프롤로그

우리와 아주 다르면서도 어딘지 닮기도 한 지구 저쪽 사람들의 이야기.

실마리 하나.

지금 이 책을 펼쳐 든 독자들은 이 책이 도대체 어떤 책일까 궁금할지도 모르겠다. 그래, '이 책은 도대체 어떤 책일까?', '나는 어떤 책을 쓰려 했던가?', '프랑스와 한국의 독자들을 연결하고 있는 이 책에서 나는 어떤 역할을 자청하였는가?' 이런저런 자문에 몽테스키외의 『페르시아인의 편지』란 책이 떠오른다.

"와, 저 아저씬 페르시아인이야. 아주 굉장한 일이지 않아?"

18세기 파리 사람들이 파리를 방문한 페르시아인 리카를 의아하게 바라보는 장면을 묘사한 구절이다. 몽테스키외는 이 책에서 선입견을 품고 낯선 이방인을 바라보는 프랑스인을 계몽철학의 거장다운 필체로 신랄하게 비판하고 있다. 그리고 300여 년이 지난 지금, 프랑스는 이성적이고 비판적인 사회로 자리잡았지만, 편견과 자기중심적 사고들이 여전히 남아있는 곳이기도 하다.
그러면 한국 사회는?
어릴 때, 아버지 어깨 너머로 본 신문과 잡지 속의 외국은 리카를 바라보는 파리인의 모습을 닮아있었다. 선진국을 미화한, 콤플렉스를 물씬 풍기는 글이었다. 세월이 흘러 자유롭게 사람들이 이동하고, 인터넷까지 한몫하면서 우리는 보다 더 열린 세상에서 살고 있다. 미국이민사는 1세기를 넘겼고, 남북한 인구의 10퍼센트 이상이 외국에 나가있다. 그러면 우리는 이제 외국에 대한 콤플렉스에서 벗어났을까?
우리 사회에서는 국제라는 개념이 특정 나라들로 치우쳐 외국에 대한 정보가 편향적이고 턱없이 부족하다. 그동안 외국을 바라보는 우리 사회의 관점은 '우열'을 비교하거나 '관광객'의 시선이었다.
우열 비교는 우리한테 다소 생소한 외국의 상황을 알기 쉽게 설명하기 위해 관찰자가 우리와 외국을 비교하는 방식인데, 그 잣대가 수평적이 아니라 수

직적이다. 관광객의 시선이란 관광버스를 타고 한 바퀴 돌면서 쓴 듯한 관점으로 이 관점은 현지에 대한 이해가 얕아 보인다.

물론 이 관점들이 그 자체로 문제가 있는 것은 아니다. 사물이나 현상을 관찰하는 시각이 다양할수록 정보도 많아지니 여러 관점이 존재한다는 것은 좋은 일이다. 다만 앞의 두 관점들이 우리 사회에서 파생시킨 결과들이 문제다. 한국 사람들은 워낙 배우고 익히기를 좋아하므로 외국의, 그것도 선진국의 좋은 점을 그때그때 배우는 건 긍정적인 생활태도다. 하지만 어떤 사회의 환경과 역사와 사람들을 고려하지 않고 a가 b로 나타나는 현상만을 본다면, 우리는 그 사회를 오해하기 쉽다.

마찬가지로 우리 사회의 좋지 않은 점을 비판하려고 선진국의 현상들을 무비판적으로 끌어오는 것도 문제다. 이런 시각은 단기적으론 우리 사회의 '상대적인' 단점(혹은 장점)을 파악하는 데 유용할지 모르지만, 장기적으론 우리 사회를 독립적으로 파악하지 못하고 늘 다른 사회와 비교해서 파악하려는 의존적인 태도를 심어준다.

이 책은 이런 비판에서 출발하여, 프랑스의 현재에 초점을 맞추고 있다. 세계화라는 소용돌이 속에서 우리와 함께 살아가는, 우리와 아주 다르면서도 어딘지 닮기도 한 지구 저쪽 사람들의 얘기다.

어떤 사회를 이해할 수 있는 코드는 역사, 정치, 경제, 사회, 문화 등 그 사회 도처에 산재해있고 또 그 사회를 바라보는 관찰자 자신에게도 이미 잠재돼 있다. 이 책은 프랑스에 대한 정답을 제공하기보다는 더 많은 질문으로 맞서 우리와 다른 사회를 좀더 이해시키려는 일종의 놀이를 제안한다. 현재 프랑스의 다양한 현상들을 통해 여러 각도로 그 사회를 관찰해보는 놀이다.

이 책은 DVD식으로 구성되었다. 필자는 단지 내용들을 잇는 다양한 실마리를 제공하는 가이드일 뿐이므로, 독자들이 주체적으로 많은 자문을 던지며 읽어주기를 당부드린다. 되도록이면 콤플렉스나 편견 없이….

실마리 둘.

나는 프랑스 주재 자유기고가다. 내가 이 책을 집필하는 동기가 된 세 사건이 있다. 한국에서 참여정부 출범, 이라크 전쟁 발발, 그리고 오랜만에 나섰던 한국 나들이.

만감이 교차했던 이 일련의 일들을 겪으면서, 나와 우리, 우리 사회 그리고 세계를 다시 한번 생각해보게 되었다. 나는 과연 참여사회의 어디쯤에 있는 걸까? 그리고 세계 속에서 참여정부와 더불어 우리는 각자 어디에 있고, 나아가 우리는 어떤 세계에서 살고 있는 걸까? 진정한 참여사회는 어떤 것이어야 할까?

그건 아마도 밤하늘의 '은하수' 같은 것이어야 하지 않을까. 소리 없이 반짝이는 별 하나하나가 모여 아름다운 밤하늘을 이루는 은하수. 이 책은 내가 캄캄한 밤하늘에서 반짝이는 수많은 별들 중 하나라는 생각으로 쓴 글들을 담고 있다.

굳이 큰소리를 내지 않더라도 내가 내 빛깔로 반짝이는 일을 그만두지 않기 위해서, 그리고 이 순간에도 고요히 반짝이고 있는 우리 사회의 수많은 다른 별들을 위해서….

별들의 메아리는 듣지 못해요.
만일 내가 나를 위해 존재하는 게 아니라면, 누가 그럴 수 있겠어요.
만일 내가 나를 위해서만 존재한다면 나라는 게 뭐겠어요.
지금이 아니라면 도대체 언제요.
_막심 르 포레스티에의 샹송 「별들의 메아리」 중에서

> 2005년 8월, 잠시 돌아온 고국 땅에서
> 이선주

CONTENTS

0. 프롤로그 6

1. 관점, 그 까다로운 개성 15
사데팡이 명답 19
비판은 비판을 낳고 26
빅브라더의 시선 38
각자 따로 똘레랑스 49

2. 사랑, 그 복잡한 함수 63
자식보다 더 반항적인 부모 66
이혼은 인지상정 72
당신들은 어떤 관계? 83
권리를 호소하는 사랑 93

3. 인권, 그 영원한 메아리 107
생존을 보장하며 키우는 열정 110
역사와 기억 121
축제하듯 함께 나누고 132
표현과 언론의 자유 145

4. 세월, 그 잔인한 변화 159

패션이 무정한 파리 162

혁명이 필요한 포도주 172

레지스탕스의 프랑스어 183

국교는 라이시테 195

5. 반항, 그 생존의 이유 209

NON! 고로 존재한다 212

미국처럼 되기 싫어! 220

좌우는 극을 만들고 235

다양성으로 저항한다 246

6. NG 파리산책 261

Do you like Paris? 263

평화를 위하여 269

거리엔 비 내리고 279

센 강 위로 부는 바람 289

인용한 책들 302

1

관점, 그 까다로운 개성

프랑스에서 일상적으로 자주 듣는 말이 '사테팡'이다.
이 문구는 '~여하에 달렸다'로 번역할 수 있고,
어감상으로는 '경우에 따라 다르다'라는 의미다.
"무슨 음식을 좋아해?" "사테팡."
"영화를 보려고 하는데 뭐가 좋을까?" "사테팡."

관점, 그 까다로운 개성

프랑스 정치학도들끼리 하는 농담 중에 이런 게 있다.

어느 날 정치학도 두 명이 아프리카 정글로 여행을 떠났다. 두 사람은 텐트를 치고 하룻밤을 보냈는데 아침에 일어나니 한 명이 자리에 없고 텐트 밖에선 시끄러운 소리가 들렸다. 헐레벌떡 밖으로 나가보니, 아니! 이게 웬일인가? 친구가 사자에 쫓겨 텐트 주위를 뱅뱅 돌고 있는 게 아닌가. 놀란 친구가 텐트 안으로 총을 가지러가려 하자 쫓기던 친구가 하는 말,

"걱정 마! 내가 사자보다 몇 바퀴 앞서있어."

현실을 직시하지 못하고 자기중심적으로 생각하는 프랑스적 (정치)

사고 풍토를 코믹하게 비판하고 있는 농담이다. 이 정도야 자기비판적인 성격을 띠는 가벼운 농담이지만, 제국주의의 역사를 가진 프랑스에는 여전히 이런 사고방식이 도처에 깔려있다.

2004년 말 프랑스군이 코트디부아르에서 코트디부아르 정부군과 한창 충돌을 일으키고 있을 때, 현지에 거주하던 프랑스인들이 대거 귀국하였다. 그 상황에서 대부분의 프랑스 언론들은 현지 프랑스 군인들의 강압적인 제압 장면보다는 귀국하는 프랑스인들에게 더 초점을 맞추었다. 그 결과 마치 프랑스인들이 코트디부아르의 일방적인 희생양인 듯한 분위기를 자아냈는데, 프랑스 언론의 그런 태도는 코트디부아르는 물론이고 프랑스 내에서도 논란이 되었다. '도대체 누가 진짜 희생자인가?'라고 되묻는다면, 두 나라의 역사를 짚어봐야 하는 문제였다. 코트디부아르는 한때 프랑스 식민지였는데, 독립 뒤에도 탈식민주의보다는 프랑스의 후기 식민주의가 남아있던 나라다.

프랑스엔 제국주의 역사에다 근대 이후 성장해온 개인주의까지 더해져, 그야말로 각양각색의 자기중심적인 사고들이 산재해있다. 그런데 이런 자기중심적인 사고를 자중하게 하는 또 다른 프랑스적 사고방식이 '비판정신'이다. 데카르트의 나라답게 '의심'과 '명료성'을 강조하는 풍토는 보이는 그대로의 현상이나 사건들을 여러 각도로 재고하는 자세로 나타난다. 자기중심적이고도 비판적인, 이중성의 사고방식이 복잡하게 얽혀서 만들어낸 다양한 일화에서 '프랑스식 자유'와 '프랑스식 휴머니즘'을 엿볼 수 있다.

> 자율성을 가지기 위해서는 일종의 상아탑을 만들어야 한다.
> 그 속에서 스스로 판단하고,
> 스스로 비판하고,
> 스스로 투쟁까지도 할 수 있는,
> 더욱이 대항하는 이유를 알아서,
> 나아가 선택할 무기와 과학적 도구와 기술과 방법에 대한 인식과 함께.
> _ 피에르 부르디외

사데팡이 명답

프랑스에서 일상적으로 자주 듣는 말이 '사데팡'이다. 이 문구는 '~여하에 달렸다'로 번역할 수 있고, 어감상으로는 '경우에 따라 다르다'라는 의미다.

"무슨 음식을 좋아해?"
"사데팡."

"영화를 보려고 하는데 뭐가 좋을까?"
"사데팡."

대상이나 목적, 방법, 장소, 시간, 취향, 소재나 주제 등 여러 가지를 고려하면 한 관점만 성립되는 게 아니라 이런저런 각도의 여러 관점이

가능하다는 뜻이다. 사데팡은 구체적인 답변과 대화에 앞서는 준비어 정도의 역할을 하는데, 물론 다른 나라에서도 화자에 따라 흔한 표현일 수도 있겠지만, 이런 사고와 태도는 프랑스 사회 곳곳에 깊이 심어져있다. 따지고 보면 광활하지도 않고, 지방분권보다는 중앙집권체제가 더 발달해있는 나라면서도, 가는 곳마다 만나는 사람마다 각양각색인 곳이 바로 프랑스다.

"○○로 가려는데 어떻게 가면 될까요?"라고 묻는데 "사데팡, 어떤 교통수단을 이용하고 싶으세요?"라고 되묻는 분위기는, 특히 외국인이 프랑스에 체류하는 초기엔 골치 아픈 요소가 되기도 한다. 뭘 알아야겠는데, 뭘 구해야 하는데… 등 생소하게 직면하는 상황들에 해결책이 단답형이면 간단하련만, 대답이 '사데팡'이니 뭘 어떻게 해야 할지 난감해지는 것이다. 게다가 한술 더 떠서 애초의 질문이 몇 배로 부풀어져 되돌아오기도 한다. 그러다 겨우 사데팡의 초점을 맞추었더라도 사람마다 의견이 달라서 또 어리벙벙해진다. 여러 사람에게 똑같이 질문해도 같은 답변을 좀체 듣기 힘든 곳이 프랑스다.

그냥 "입장을 바꿔놓고 한번 생각해보세요. 도대체 어떻게 하라는 애긴가요? 그냥 제 대신 해주실래요?"라고 해버리고도 싶다. 그렇지만 바랄 걸 바라야지. 개인주의의 화신인 프랑스인들에게 입장을 바꿔놓고 생각해보라니…. 그렇다고 몇 시간 기차 타면 갈 수 있는 곳에, 내 식대로 할 수 있는 고향이 있는 것도 아닌 신세거늘. 이를 악물고 한국식 끈기로 프랑스의 '사데팡'을 관찰하노라면, 또 그 나름의 프랑스를 엿볼 수 있다.

이런 사고방식은 정해진 규정대로 일률적으로 모든 걸 해결하는 것이 아니라, 그 규정 안에 불가피한 예외까지도 고려하게 만든다. 불변하는 규정보다는 어떤 상황 속 인간에게 더 초점을 맞추려는 생활 태도다. 프랑스에선 규율 위반을 예외로 받아들여 달라고 요청하고 심사하는 관례를 어디서든 볼 수 있다. 피치 못할 사정으로 규정대로 할 수 없는 경우, 해당 기관에 그런 사연을 상세하게 적어서 이해해달라고 요청한다. 물론 그런 요청들이 모두 받아들여지는 건 아니지만, 충분히 고려된다.

감히 건드릴 수 없는 규율이라는 의식 대신에 규율에는 늘 예외가 있을 수 있다는 융통적인 사고방식이 의식적, 무의식적으로 퍼져있다.

그래서 프랑스인들은 규율만을 강요하는 상황은 오히려 '비인간적'이며, 경우에 따라서 피치 못할 사정을 파악하며 문제를 해결하는 게 훨씬 '인간적'이라고 생각한다. 빅토르 위고와 여러 석학들의 글에서도 느낄 수 있는 '정의'에 대한 프랑스적 개념은 곧바로 '법'으로 향하거나 위에서 강압적으로 주어지는 것이 아니라 '인간' 주위를 늘 맴돌며 끊임없이 영감을 얻으려고 노력하는 어떤 것이다.

한때 교통사고의 주원인인 과속 운전을 줄이기 위해 고속도로에 감시 카메라를 부쩍 설치하던 때가 있었는데, 그때 운전자들의 항의 근거가 '비인간적이다'였다. 인간이 아니라 기계가 인간을 감시하는 상황이 그렇고, 속도위반으로 따지면 10킬로 위반자도 있고 50킬로 위반자도 있는데 그런 것은 구별도 않고 모두 일률적으로 벌금 처리하는 것도 그렇다는 것이다. 또 사진 찍고 즉각 벌금용지 보내는 식의 처리방법도 정황 참작을 일체 배제하고 있어서 비인간적이라고 불만들을 쏟아놓았다. 그래서 후에 속도에 따라 벌금을 차등화하였다.

이런 경우처럼 사회 곳곳의 의견들이 시민단체들을 통해 수렴되고 인권까지 고려해서 정책으로 나타나면, 특수 상황들이 '인간적으로' 세심하게 고려되는 모양새를 띤다. 예를 들어, 집세를 내지 않는 입주자를 집주인이 법에 호소하여 쫓아낼 수는 있지만 입주자가 오갈 데 없는 경우를 감안하여 겨울(11월 1일~3월 15일)에는 추방할 수 없게 하는 등, 법 속에 경우에 따라 재고를 호소하는 부차적인 법들이 많다.

물론 이런 사고방식에는 장단점이 있다. 장점이라면 인간이 자신이 정해놓은 규율의 틀 속에 스스로 갇히는 게 아니라 그 규율을 늘 다시 고려해볼 수 있는 주체로 인식된다는 점일 것이다. 게다가 각자 '나'의 자리를 확보하여 자신의 의견을 표현하고 주체적으로 문제를 해결하는 생활 태도는 수많은 개인들의 다른 의견이 있음을 인정하는 것으로 나타난다.

"넌 그렇게 생각해? 내 생각은 다른데…."라고 이어지는 대화는 다소 피곤해 보이기도 하지만, 프랑스 교육에서는 아주 어릴 때부터 표현을 강조하기 때문에 프랑스 사람들은 다소곳하게 남의 얘기를 듣기보다는 자신의 생각을 열심히 표현하는 데 더 익숙해져있다. 그래선지 쉽게 의견을 일치시키지는 못하지만 '넌 그렇게 생각하고 난 이렇게 생각하련다.'식의 태도로 그것에 개의치 않는다.

때론 이런 태도가 나쁜 의도와 결부되어 부정적인 결과를 만들기도 한다. 프랑스에선 매스컴을 통해 공직자들의 부정부패 소식이 자주 전해진다. 법이 있고 규율이 있지만, 공무원부터 그걸 지키지 않아 문제가 되는 경우가 허다하다. 현직 대통령도 그런 이유로 매스컴에 오르내린다. 솔직히 말해서 청렴결백한 이미지는 프랑스 공무원과는 거리가 멀다. 공금으로 개인생활에 필요한 작은 물품을 샀다는 이유로 공적인 책임을 지며 사표를 내는, 북유럽 정치인 얘기는 프랑스에선 상상하기조차 힘들다. 인권의 나라 프랑스지만, 동시에 악명 높은 독재자와 기업가 들이 망명하는 곳으로 유명한 것도 사데팡식 사고방식의 단점 중 하나다.

여담이지만, 사데팡식의 개인주의적이고 상대주의적인 사고방식은 철학을 가르치는 교사들에겐 상당한 어려움이 되기도 한다. 보편적인 진리를 논하는 중에 그런 게 어딨느냐며 "사데팡."이라고 대꾸하는 학생들을 상상해보라! 개인주의적인 생활태도가 이런 사고방식을 낳았겠지만 이런 사고방식이 다시 개인주의적이고 상대주의적인 사고를 더욱 짙게 만들고 있다. "300종류 이상의 치즈를 가진 나라를 어떻게 다스리겠는가?"라고 미테랑 전 대통령이 말하기도 했는데, 이것은 미테랑뿐 아니라 적지 않은 정치인들이 토해놓는 하소연이기도 하다.

행여 사데팡을 즐기게 되면, 주위를 한번 유심히 들여다보라. 포도주마다 암호 같은 이름이 달려있고, 가는 곳마다 음식이 다르고, 그 많은 카페의 장식등이 가지각색이고, 하물며 교통공단이 운영하는 버스 모양도 제각각이다. 여기선 안 되는 일이 저기선 되고, 네겐 안 되는 일이 내게선 된다. 이렇게 사데팡식 개성과 예술이 프랑스 도처에 깔려있음을 발견하게 될 것이다.

그러면 우리도 프랑스식으로 한번 해보자.

"프랑스를 아세요?"

"사데팡!"

비판은 비판을 낳고

언젠가 아시아인들을 가르치는 프랑스인 친구가 "아시아인들은 왜 그렇게 반응이 없느냐?"라고, 투정하듯 내게 말했다. 그 친구는 동양인 친구가 적지 않아서 여느 프랑스인에 비해 아시아 문화를 꽤 이해하고 있긴 하지만 반응이 없는 학생들을 둔 교사의 입장에선 답답하다고 덧붙였다.

"아시아도 나라 따라, 문화 따라, 사람 따라 다르긴 하겠지만, 내가 자란 환경에서는 이해했다는 반응을 그렇게 침묵으로 표현하기도 한다."라고 나는 응수했다. "이해를 했으니 따로 질문이 없기도 하고, 질문이 없다는 것 자체가 잘 이해했다는 의미"라는 걸 덧붙여 설명했지만, 그 친구는 수긍은 하면서도 여전히 그런 태도는 답답하다는 눈치였다. 한국에서는 '쓸데없는 말이나 하느니 차라리 입 다무는 편이 훨씬 낫다.'라는 의미기도 하다고 덧붙이려다 그 친구에겐 별로 도움이 될 것 같지 않아서 그쯤에서 관뒀다.

사실 서구의 토론 문화에 상대적으로 과묵한 아시아인이나 한국인들은 적응하기가 쉽지 않다. 게다가 아무리 그 나라 언어에 능숙해도 대화나 토론에는 그 사회의 다양한 문화적 코드가 작용하니까 더욱 그렇다. 문화에 따라 침묵의 의미도, 쓸모 있고/없고의 기준도 다르며, 이해했다는 표시도 다른데, 거기다 개인차까지 고려하면…. 안면이나 개인의 직함을 중시하고 말보다는 인간 됨됨이를 강조하는 우리와, 그렇지 않은 나라의 토론 양상이 다른 것은 지극히 당연한 현상일 것이다.

프랑스에서는 공개적으로 토론하다가 상대방의 인간성을 평하며 개인적인 치부를 들먹거리면, 그런 치부를 가진 상대방보다 오히려 그걸 떠들고 있는 화자가 더 욕을 먹는다. 그건 엄연히 사생활로 '네 문제가 아닌 내 문제'고, 그 자리는 공석이니까 사생활 문제로 토론의 초점을 흐려선 안 되며, 공사를 구별해 토론 주제에 집중하는 것이 자신과 상대방, 또한 그걸 바라보는 이들에 대한 기본 예의라는 의식이다.

더불어 '자격'에 대해 운운하는 태도도 환영받지 못한다. 토론 중에 "당신 인생이 불쌍하다.", "보아하니 나이도 어린 것 같은데.", "어떻게 그러고도 그 자리에 앉게 되었냐."라는 등의 발언을 한다면, 오히려 상대방은 "도대체 무슨 자격으로 내게 그런 말을 하느냐?"라며 황당해할 것이다. 개인주의에 물들어있는 그들에겐 '네가 동생 같아서 네 인생이 염려된다.'라는 공동체적 인간관계에서 우러나는 우리식 '인정'은 낯설다 못해 이해하기 힘든 것이다.

여하튼 표현의 자유와 책임을 나름대로 저울질해대며 진행되는 토론과 논쟁은 그걸 즐기는 사람에게는 아주 흥미롭다. 단 이젠, 굳이 말할 필요 없이 침묵 속에서 인간적 교감을 나누던 환경에서 그 교감을 표현하고 표출해야 하는 환경으로 변했음을 명심해야 한다.

나의 지도교수와 어느 교수의 논쟁이 연이어 학술지에 오르는 걸 따라잡으며 연구하는 것도 재밌고, 그 와중에 내 관점을 보충해가는 작업도 재밌다. "교수님! ○○에 대한 기본 입장은 교수님과 같지만, ○○ 부분은 이렇게 생각합니다."라는 식으로 토론에 참여하면 그야말로 배우면서 익히는 시간이 되어 교수도 반긴다.(너무 학구적인가?) 그런 분위기에선 아무런 반응이 없는 게 오히려 서먹할 수 있다.

이런 토론과 논쟁에 등장하는 단골 어구가 "나는 이렇게 생각한다."

이다. 이 말은 '나'라는 영역에서 내 의견은 물론 '너'도 인정한다는 태도다. 그러므로 서로의 '다름'과 관점들이 지극히 자연스럽게 표출된다. 물론 심한 알력이 생기고 대립되는 의견들을 조율하는 데 어려움을 겪기도 하지만 말이다.

'프랑스인들은 토론보다는 논쟁을 즐긴다.'라고 간혹 얘기하는데, 솔직히 프랑스식 토론에서 서로의 의견을 조율하는 광경은 보기 드물다. 그들은 서로 의견을 맞추는 일보다는 오히려 각자의 생각을 얼마나 명료하게 표현하고 전달하느냐를 더 중시한다. 그래서 토론하는 것을 듣고 있노라면, 상대의 반론에 "그렇지 않다!"로 맞선 후 자신의 의견을 길게 설명하는 사람의 사고가 더 명료하다는 느낌마저 든다.

비판이 비판을 낳고 그 비판은 또 다른 비판을 낳는, 끊임없이 비판이 이어지는 광경 또한 흥미롭다. 전 교육부 장관 뤽 페리의 일화가 적당한 예가 되겠다.

2003년 봄 출간되자마자 독자들한테 학대받은 책이 있었다. 당시 교육부 장관이었던 페리의 『학교를 사랑하는 모두에게 보내는 편지』라는 책이다. 정치계 입문 직전까지 저명한 철학교수였고 흥미로운 주제들을 집필해 널리 알려진 페리는 인텔리답게 교육 개혁을 앞두고 자신의 교육 철학을 책으로 펴냈다.

이 책은 학생들의 학업이 부진한 원인을 비롯하여 현 프랑스 교육의 문제점들을 지적하면서 교사들한테 책임을 묻는 한편 교육 개혁의 필요성을 강조하고 개혁 방안들도 제시하고 있다. 이 책은 특별히 교육계의 호응을 갈구하는 내용이어서 페리가 80만 부를 현직 교사들한테 무료로 배포했다.

그런데 난리가 났다. 교사 현실을 묘사한 부분이 적잖게 현직 교사들의 노여움을 산 것이다. 결국 교사들은 합세하여 그 책을 찢거나 그대로 쓰레기통에 버리는 장면을 연출하면서 시위를 벌였다. 이 상황을 보면서 한 미디어에서는 다음과 같이 코믹하게 비평했다.

"선생님! 책만큼 중요한 게 없다고 가르치신 분이 누구죠?"

싸움은 페리가 먼저 시작했다며 분노하는 교사들의 계속되는 반격에 페리는 이렇게 응수했다.

"책들을 버리고 찢으면서 왜 불태우진 않는가? 그건 바람직한 태도가 아니다. … 내가 교사들에게 직접 그 책을 보낸 까닭은 추진 중인 개혁안을 그들에게 알린다는 존중의 의미지 질책의 의미가 아님을 교사들은 알아야 한다."

논쟁은 꼬리에 꼬리를 물고 이어지므로 1, 2라운드에서 성급하게 KO승을 바라선 안 된다. '새 교육 및 교수법 운동'을 담당하는 프랑스 교육 현장의 거장인 가브리엘 콘벤디는 페리의 책에 대해 「학교를 사랑하지 않는 모두에게 보내는 편지」라는 반격의 글을 썼다. 그 글은 "나는 늘 있는 그대로의 학교를 견디지 못하는 학생들, 그리고 학교가 견뎌내지 못하는 학생들과 일하길 즐긴다."로 시작된다. 페리의 논지와는 반대로, 현장의 어려움을 딛고 남다른 교육 철학과 신념으로 일하는 교사들의 입장을 대변하고 있다. 콘벤디는 프랑스 교육에 문제가 있는 건 사실이지만 그걸 교육 개혁으로 강압적으로 해결하려는 생각은 문제를 단순화하는 행위이며, 변화와 개혁은 권력의 힘이 아닌 현장의 교사들한테 맡겨야 한다고 강조했다.

이후 페리는 개혁의 출구도 열지 못한 채 해임되었다. 책을 잘못 써서가 아니라 페리를 포함하여 교육부 장관을 지낸 수많은 사람들이 벌써 20년 이상 이겨내지 못한 '공교육 수호', '반교육 개혁' 움직임 때문이다. 어쨌든 페리의 책은 프랑스 출판사상, 겨냥한 독자층에게 가장 학대받은 책이 되었다.

페리는 책 내용 때문에 특정 독자층에게 일시적으로 학대받았지만, 언론에게서 늘 학대받는 저자도 있다. 바로 브리지트 바르도다. 우리도 잘 아는 바로 그 'BB'다.

왕년의 섹스심벌 스타 바르도는 동물보호운동에 열성적으로 참여하면서 가끔씩 책도 내놓는다. 프랑스 영화나 여성사에 끼친 영향을 생각하면 바르도는 위대한 여성임에는 틀림없지만, 30대 후반에 영화계를 은퇴하고 동물보호운동을 시작한 뒤 공석에서 발언한 것들 때문에 프랑스 내에서 비판의 대상이 되고 있다. 특히 극우당을 지지하면서는 언론에게서 알게 모르게 왕따를 당하고 있다.

바르도 책은 과격하고 편협한 내용 때문에 매번 엄하게 비판받는데 특정 사회단체나 정치인에 대한 비판이 직설적이어서 당사자나 단체들에 의해 소송당하기도 했다. 2003년에 출간된 『침묵 속의 함성』은 인권단체들이 판매를 보이콧한 동시에 인종차별을 내포했다며 소송까지 건 책이다. 이 책이 시판되던 날 <르 몽드>(2003년 5월 8일) 칼럼에는 이런 혹독한 비판이 실렸다.

"우리의, 그러니까 (동지라는 의미가 아닌_역주) 국가 자산적 의미의 '우리의', 브리지트 바르도도 책을 한 권 집필했다. 여기서 '집필하다'라는 말은 마치 '침묵 속의 함성'을 '고함치다', '토하다'가 되겠다. …이 책에 대한 반응은 대단할 것이다. 바로 그걸 위해 비난과 선동을 재료로 해서 만들어졌으니."

책에 대한 비판과 소송 건에 대해 '표현의 자유'를 외치며 장 마리 르펜(극우당 당수)이 바르도를 지지하고 나섰다. 그러나 르펜도 악명이 높아서 바르도한테 큰 도움이 되는 지지는 아니었다.

만일 언론이 대중의 의견을 좌지우지하는 환경에서 이런 일이 일어났다면, 모르긴 해도 바르도는 생매장되었을 것이다. 하지만 바르도는 건재하다. 물론 그 사건들이 바르도의 이미지에 부정적인 영향을 끼쳤겠지만 그렇다고 바르도에 대한 일반적인 시각으로 확산되지는 않는다. 아예 관심 없는 사람들은 물론, 바르도나 언론도 각자 그들 나름대로의 기준에서 의사표현을 하며, 그 상황을 지켜보는 나 또한 내 생각대로 그걸 평할 수 있다는 걸 인지하고 있다.

다양한 관점들이 자연스럽게 표출되는 환경에선 특정 견해의 부족하거나 지나친 부분을 가늠해내는 일에도 익숙해진다. 그러면서 누가 옳고 그르냐는 식의 '이분법적 잣대'나 '누구 목소리가 더 크고, 누가 더 인기 있는가?'라는 '간판'보다는 주제를 어떤 방법으로 펼쳐나가는가에 더 귀기울이게 된다. 그래서 '아' 다르고 '어' 다르다는 것은 상식이 된다.

19세기 말 드레퓌스 사건에서처럼 프랑스 지식인들이 앞장서서 공권력에 대항한 일화는 수두룩하다. 그 저항의 밑바탕에는 자유, 인권, 평등, 사회정의, 지구평화 등의 다양한 신념들이 있다. 프랑스 지식인들은, '인류'와 '지구'를 논하는 건 자신들의 영역 밖의 문제가 아니라 오히려 이성적으로 사고하는 지식인이라면 당연히 그리해야 한다고 여긴다. 그래서 국경을 넘고 인종을 넘어 비판의 영역을 넓히기도 한다. 이런 태도는 '거만하고', '자만하며', '결코 만족하지 않는' 프랑스인이라는 이미지를 해외에 전하는 데 한몫하기도 했다. 2003년 이라크 전쟁 발발 직전, 전쟁을 일으키려는 미국에 맞서서 반전을 외친 프랑스를 <뉴욕포스트>(2003년 2월)는 다음과 같이 비판했다.

"우리가 매일 샤워하는 것도 이상하게 생각하는 프랑스인들은, 모든 것에 반대한다."

프랑스인들이 미국인들 샤워하는 것까지 반대할 리는 없지만, 그들의 일상에서 'NON(아니다)'과 'MAIS(그러나)'를 자주 듣는 건 사실이다. '미국은 이렇다는데, 우리도…' 하는 식보다는 '미국은 어떻게 이럴 수 있느냐?'라고 선뜻 비판하고 나서는가 하면, 프랑스 내의 극우 움직임엔 '수치스럽다'라고 자기비판을 하기도 한다.

때론 비판들이 포화 상태에 이르러 제자리에서 심한 소용돌이를 치기도 하지만 그와 더불어 '이건 적어도 이렇게 되어선 안 된다.'라거나

'이건 적어도 이런 식으로 되어야 한다.'라는 '본분과 의무(déontologie 데옹톨로지)'가 각 분야를 정립하는 데 기여하고 있다. 정의를 지향하면서 본분과 의무를 인식하고 거기다 격식까지 갖춘 비판은, 그것이 비록 실현 가능성이 없는 경우에도 감동적이다.

"… 국제기구 유엔 안에서 우리는 이상의 수호자들이며, 의식의 수호자들입니다. 이 과중한 책임과 무한한 영광이 우리의 것이므로 우리는 평화 속에서 비무장하는 작업을 우선으로 해야 할 것입니다.
야만과 점령과 전쟁들을 이미 겪은 바 있는 늙은 대륙 유럽 속의 늙은 나라 프랑스가 오늘 여러분들에게 그걸 말하고 있습니다. (그 이전) 미국과 그외 지역에서 와서 자유를 위해 싸워주었던 기수들에게 프랑스가 되돌려주어야 하는 게 무엇인지 잊지 않았습니다.
역사와 인류 앞에서 바로 서기를 결코 멈추지 않은 나라, 그 가치에 충실한 프랑스가 국제 사회의 회원들과 함께 단호하게 처신하기를 원합니다. 이 나라는, 우리들 속에 더 나은 세상을 함께 건설할 힘이 있음을 믿습니다. 감사합니다."

_ 이라크 전쟁 전야(2003년 2월 14일) 유엔 상임위원회에서 당시 프랑스 외무부 장관 도미니크 드빌팽이 한 연설 중에서

빅브라더의 시선

2005년 초에 「호모사피엔스」라는 다큐멘터리가 방영되었다. 과학적인 고찰에 기반하면서 인간의 다양한 감정이 대두되는 순간을 허구로 묘사해서 꽤 재밌게 봤던 작품이다. 거기서 원숭이가 인간으로 진화하는 과정에서, 원숭이인간이 기립하는 과정을 묘사하는 해설이 신선했다.

    수풀 사이를 네 발로 뛰어가던 원숭이인간이 수풀에 가려 앞이 잘 보이지 않자, 앞에 위험한 것이 있는지 없는지 살피기 위해서 굽혔던 몸을 꼿꼿이 세워 두 발로 우뚝 서는 장면에서 흐르는 해설이다.

    "이젠, 보여! 나는 보여! 저 멀리까지 보여."

    시선 아래로 수풀이 깔리고 멀리 광야가 서서히 드러나면서 원숭이인간이 우뚝 서는 장면 해설이 마치 내가 걷게 되기라도 한 듯 아주 감동적으로 와닿았다. 네 발로 달리던 원숭이인간이 수풀 속에서 위험을 감지하기 위해서였는지 또 다른 이유로 그랬는지 정확히 확인할 방법은 없지만, 인류의 뿌리인 원숭이인간의 기립과 어우러진 동사 '보다'가 한참 동안 찡한 감동을 전했다.

'보다', '보이다', '보여지다 ', …시선, 관점…

그 다큐가 묘사하는 것처럼 '보는 것'이 인간사에 미친 영향은 대단하다. 마찬가지로 인간사에서 시대나 환경에 따라 '보는 것'과 '보이는 것'의 의미는 수없이 변천해왔다. 특히 시청각 시대에 접어든 이후론 '보고', '보이는' 것 자체가 내포하는 의미가 더 넓어졌다.

'아예 안 보여주는 것 '

'알려주기 위해서 보여주는 것 '

빅브라더의 시선. 누가 누구를 보고 있을까?
은행, 엘리베이터, 도로에서 우리는 항상 감시카메라의 집요한 시선을 받고 있다.

'잘못 알려주기 위해서 보여주는 것'

'있는 그대로 보여주는 것'

'있는 것을 과장해서 보여주는 것'

'다른 것을 감추기 위해서 보여주는 것'

⋮

의도, 목적 등이 복잡하게 어우러져 '보다'의 뜻이 다양해졌다.

'안전'이라는 모토로 '감시'의 방법이 아주 교묘하게 발달한 요즘엔 일상생활에서도 조지 오웰식의 '빅브라더'가 절실히 와닿는다. 은행 앞, 도로, 공공장소에서 쉬지 않고 켜져있는 감시 카메라나 인터넷을 통한 감시망 등은 전체주의의 눈길로 개인의 자유를 속박하고 있다. 우리의 일상은 보여지는지도 모르고 보여지고 있다.

그런데 21세기에는 또 다른 '빅브라더'가 있다. 자유의지로 기꺼이 감시하게 하고 보여주는, 상업화된 '민주주의적' 빅브라더 현상들이다. 그중 하나가 '리얼리티TV'인데, 이것은 방송에서 일정한 규정과 조건 하에 '허구적'으로 만들어낸 상황에서, 출연하는 인물들 사이에서 '실제로' 일어나는 일화들을 소개하는 것이다.

이 프로그램의 시초는 1999년 네덜란드에서 방영된 「빅브라더」다. 「빅브라더」는 외부 세계와 단절된 장소에서 참가자들이 공동생활하는 모습을 하루 종일 카메라로 찍어 방송하는 형식이다. 출연자들은 자신들의 투표와 시청자 전화 투표로 한 명씩 제거되며 마지막까지 살아남은 사람이 상금을 차지하는 스토리다.

이 프로그램의 콘셉트는 간단하게 말해, 후보들의 생활과 탈락 과정에 시청자들이 빠져들게 함으로써 시청률을 올려 광고 수입을 늘리는 것이다. 놀이와 경쟁이 있고 다양한 감정이 이입돼, 시청자들은 마치 얘기 흐름에 끌려가는 연속극을 볼 때처럼 프로그램 속으로 빠져 들어간다. 「빅브라더」 이후 리얼리티TV는 전염병처럼 유럽과 세계로 퍼져나갔고, 각 나라에서 나름대로 변형되고 개발되어 뿌리를 내리고 있다.

프랑스에서는 2001년에 방영된 「로프트 스토리」가 시초인데, 프랑스 TV 역사에 한 획을 남긴 프로그램이었다. 「로프트 스토리」는 외딴집에 젊은 남녀 11명을 모아놓고 일거수일투족을 카메라로 감시해 그들의 사생활을 고스란히 보여줬다. 욕실과 침실도 예외가 아니었다. 자신을 닮은 출연자들의 생활을 훔쳐보면서 시청자들은 방송의 동반자가 되었고, 출연자들은 기꺼이 감시당하고 자신을 노출함으로써 스타가 될 수 있었다. 방송국은 이 프로그램을 인터넷에 유료로 올려 제시간에 못 본 시청자들을 유혹했다. 그야말로 방송국들은 최첨단 시청각 기구들을 총동원하여 시청자들을 끌어모았다.

「로프트 스토리」가 방영된 첫날 26퍼센트였던 시청률이 일주일 후에는 39.6퍼센트로 펄쩍 뛰었다. 동시에 광고비도 뛰었고 증권시장에선 그 방송국의 주가도 따라 올랐다. 승승장구의 기세에 힘입어 방송은 황금시간대로 옮겨졌고, 「로프트 스토리」는 주주들의 보물단지가 되었다. 당시 이 프로그램에 대한 찬반 토론까지 있을 정도로 이 프로그램은 유별나게 인기가 많아 프랑스 TV방송의 현주소를 되돌아보게도 했다.

'로프트 스토리 현상'을 혐오하는 층의 선두에는 "상업성에 치중된 저질 방송을 우려"하는 프랑스 문화부가 있었다. 사회 각계에서도 "TV와 인터넷을 연계한 방송국의 상업적인 처사와 개인생활 침해 등 방송 내용의 비도덕성"을 비난하면서 지금껏 자존심으로 버텨오던 프랑스

TV방송이 이 일을 계기로 문화성보다는 상업성에 더 치중하게 될까 봐 우려했다. 어떤 사람들은 「로프트 스토리」류의 방송을 비하하는 표현인 '쓰레기통 TV(Télé-poubelle)'를 외치며 그 방송사 앞에 쓰레기통을 쌓았고, 패러디 사이트를 선보이거나 아예 시청 보이콧을 외치기도 했다.

그러나 「로프트 스토리」를 좋아하는 사람들의 활약도 대단했다. 그 프로그램 팬들은 방송이 진척되는 상황에 따라 팬클럽 사이트를 만드는가 하면, 청소년들은 매일 교실에서 「로프트 스토리」로 이야기꽃을 피웠다. 그런 현상을 두고 혹자는 프랑스 젊은이들을 '로프트 스토리 세대'라고 부르기도 했다. 찬동하는 이들은 반대하는 이들과 함께 프랑스 사회에 다양한 '로프트 스토리 증후군'을 만들어냈다.

…그리고 1년 뒤. 그때까지 프랑스 방송사상 최고의 시청률을 보였던 「로프트 스토리」는 「로프트 스토리2」로 이어졌다. 2부도 막을 내린 2002년 여름, 두 민영방송사에서는 '유혹'을 주제로 리얼리티 프로그램을 나란히 제작해 선정성을 겨루었다. "사랑하는 마음은 모든 유혹을 견딜 수 있을까? '유혹의 섬'이라는 천국에서 커플 네 쌍이 그들의 사

랑 신뢰도를 시험한다. 참가자들은 파트너와 헤어져 독신들의 유혹 속에서 살아야 한다. 누가 끝까지 이 유혹에 버틸 것이며 누가 끝내 굴복할 것인가. 그리고 당신이라면 저항할 자신이 있는가."라고 광고하며 모든 종류의 유혹을 보여주는 방송이다. 시청자들은 커플이든 독신이든 간에 유혹할 수 있는 모든 방법을 상상하고 그 프로그램에 '나라면…'이라는 가정과 함께 감정을 이입시켜 빠져들었다.

「빅브라더」 이후 리얼리티TV 열풍은 프랑스뿐 아니라 세계 각국으로 번졌다. 포르투갈에서는 리얼리티 프로그램에 방송심의회가 직접 개입하기도 했는데, 사회적 논란이 다른 나라보다 훨씬 두드러진 곳이 프랑스였다. 프랑스 유수의 언론들이 로프트 스토리 현상을 통해 자국의 언론, 사회, 문화 등을 되돌아보았고 그 여파로 여러 장르의 관련 책들이 출간되기도 했다. 여기에서 흥미로운 점은 방송문화 질의 저하에 대한 우려 외에, 공개되는 '개인의 사생활'에 대한 해석과 관련해서다.

프랑스 전역을 훔쳐보기로 열광하게 만들었던 「로프트 스토리」가 방영된 2001년에는 프랑스 문학계에서도 '훔쳐보기' 문학이 성공해서 논란이 된 바 있다. 미술평론가 카트린 미예가 쓴 『카트린 M의 성생활』

인데, 이 책은 저자가 자신의 적나라한 성생활을 세부적으로 묘사한 작품이다.

"오늘까지 헤아려보면 나는 ○○명의 남자와 성관계를…"라는 식의 표현을 담은 이 책은 이내 베스트셀러가 되었고 29여 개 외국어로 번역되는 등 보기 드문 성공을 거두었다. 적나라한 내용 때문에 '포르노 문학'이라는 비평을 듣기도 했는데, 저자 자신은 '섹스 기술을 논한 것도, 심리를 분석한 것도 아닌, 그냥 한 개인의 경험담'을 담은 '자전적인 글'일 뿐이라고 했다. 한편에선 독자들이 자신의 고유한 경험을 스스로 세부적이면서 진지하게 되새겨보게 만든 작품이라고 높이 평가하기도 했다.

미예는 "성의 자유가 아니라 넓은 의미의, 개인의 자유를 변론하고 있다."라고 인터뷰에서 말하곤 했는데, 「로프트 스토리」와 함께 당시에 일어난 사생활 '보여주기'와 '훔쳐보기' 열풍은 더 근본적으로는 '개인적 자유'의 현주소를 보여주었다. 남의 사생활을 적나라하게 엿보면서 열광하는 사람들은 그것이 '개인'이 '사회'에 맞서는 하나의 생활방식이라며 당당하고 솔직하게 노출하는 사람들에게 '진정한 자유인'이라고 찬사를 보냈고, 나아가 '그렇다면, 나도?'라는 욕구를 표출하기도 했다. 그런가 하면 시큰둥한 쪽에서는, 존중되어야 할 개인의 은밀한 부분이 드러난 점과 상업성을 띤 선정적인 표출 방법을 꼬집어 비판하기도 했다.

이런 현상을 두고 개인이 주축이 되는, 전적으로 개인적인 삶의 양상이 사회에서 확인받고 인정받는 한 방법이 자신만의 것을 대중에게 공개하는 것이라는 사회학적인 분석은 그럴듯하게 들린다. 고립되고 외로운 개인들은 마치 거울을 바라보듯이, 지나치게 '자기도취적'인 색채를 띠기도 하는 한 개인의 생활을 훔쳐보면서 자신의 존재를 확인한다는 것이다. 그것이 극단적인 개인주의 사회에서도 사회적일 수밖에 없는 인간이 갈구하는 일종의 인간적 교감인 셈인데, 이런 예는 나라나 문화를 막론하고 현재 인터넷이라는 공간을 통해서 세계로 퍼져가고 있다. 인터넷 블로그의 열광은 '보여주기'와 '훔쳐보기'의 또 다른 모습이다. 그런데 이런 논란들을 유심히 들여다보면 재밌는 현상이 발견된다. 그건 '개인의 진정한 자유'라는 말에 '진리'라는 단어가 꼭 따라붙는다는 것이다. 이것은 '자신이 진정으로 절실하게 원한다면, 그게 곧

(삶의) 진리'라는 사고방식에서 비롯된 것인데, 오늘날 프랑스에 널리 퍼져있다.

「로프트 스토리」로 막을 올린 프랑스의 리얼리티 프로그램은 다양한 유형으로 발전하여 지금까지도 계속되고 있다. 그와 더불어 가상적인 소재도 부쩍 늘어났다. 리얼리티 게임이 계속될수록 참가자들이 능숙하게 연기하여, 자연스런 실화라기보다는 상업적인 목적이 결부된 치밀하게 기획된 프로그램이란 인상을 주고 있다.

국영방송에서는 문화의 타락을 막아야 하는 공공방송의 의무를 강조하면서 아직까지는 방영을 거부하고 있지만, 민영방송사들은 방송국의 보물단지 역할을 하는 리얼리티 프로그램을 앞다투어 제작하고 있다. 상업주의와 더욱 더 교묘하게 어우러져 구성되면서 시청률을 올리고 있는 리얼리티 프로그램이 황금시간대를 들락거릴 정도로 이제 프랑스 방송에서 주요 자리를 차지하고 있음을 아무도 부인하지 못할 것이다.

'빅브라더가 당신을 지켜본다.'라는 오웰식의 빅브라더는 개인으로 향하는 사회 시선의 진상을 고찰하게 만든다면, '빅브라더 앞에 기꺼이 노출되려는 개인'의 모습에서는 오늘날 사회를 향해 갈구하는 개인 시선의 진상을 생각해보게 된다. 아울러 실제와 허구가 나날이 불분명해지는 세상에 산다는 느낌을 저버릴 수 없다. 실제와 허구의 혼동은 21세기의 '보다'라는 동사가 내포한 또 다른 의미가 아닐까 싶다.

오늘 나는 어떤 시선을 연출했으며, 어떤 시선에 노출되었던가…?

그중 무엇이 실제고 무엇이 허구였을까…?

각자 따로 똘레랑스

'쓰레기통 TV'라는 단어를 앞에서도 썼지만, 리얼리티 프로그램 방송 초창기에 프랑스에서는 "상업주의에만 눈이 멀어 시청자들을 끌어들이기 위해 수단과 방법을 가리지 않고 제작되는 방송들에 도저히 똘레랑스를 보일 수 없다."라고 한 사람들이 아주 많았다. 세월이 지난 지금, 리얼리티 프로그램은 성공에 힘입어 프로그램 수나 종류도 훨씬 늘어났는데, 간간이 언론이 비평할 뿐 반대 열기는 이전에 비하면 거의 식어버린 듯하다.

왜 그럴까? 그사이 모두 똘레랑스를 발휘하게 된 걸까? 아니면 이젠 일상이 되어버려 별다른 반응이 일어나지 않는 걸까? 그도 아니면 아예 무관심해져버린 걸까?

똘레랑스는 요새 한국에서도 꽤 언급되는 단어인데, 그래도 생소한 사람들을 위해 사전적인 뜻을 소개하면, "타인에게서 관찰되는, '다른'

사고나 태도에 반응하는 자세"로 "상대방을 존중하는 태도"를 일컫는다. '참음', '용납' 등의 의미로 전달되는 단어다. 그 반대어인 '앵똘레랑스'를 극복하려는 노력이라서, 똘레랑스의 출발점이 앵똘레랑스라고도 한다. 여기서 독자들은 단순히 "와! 좋은 말이구나!" 할지도 모르겠다.

물론 일종의 미덕을 가리키는 건 사실이지만 단어 하나만 뚝 따와서 다른 환경에 갖다 놓고 사전적 의미만을 강조하며 설명하는 일은 예기치 못한 결과를 초래할 수도 있다. 언어도 일종의 유기체라서 그것이 사용되는 환경이나 상황을 염두에 두고 이해해야 한다. 게다가 외국어를 '좋다', '나쁘다'라는 식의 이분법적 잣대로 이해하려 들면 미묘하고 섬세한 의미를 놓치기 쉽다. 외국의 단어나 사상을 무작위로 들여오는 우리 환경에서는 특히 주의해야 할 사항이다. 이런 점을 고려하면 다른 세상에서 일어나는 어떤 현상에 대해 오해를 줄이기 위한 방법으로 그런 현상들의 역사적인 배경을 살펴보는 노력이 필요할 것이다.

똘레랑스는 종교전쟁이 한창이던 16세기에 간간이 언급되다가, 17세기 영국 철학자 존 로크와 그의 영향을 받기도 한 볼테르를 비롯한

노트르담 성당 앞. 자세히 들여다보면 다 각자 따로다. 각자 따로 똘레랑스를 시사하는 건 아닌지.

18세기 프랑스 계몽주의 철학자들에 의해 특히 부각되어 철학적으로 변증되었다. 당시는 신교와 구교 간의 충돌이 빚어낸 폭력으로 앵똘레랑스한 사회 현상들을 신물나게 겪고 난 후였다. 로크와 볼테르가 조약서를 쓰면서까지 큰 소리로 "다른 것을 존중하자."라고 외쳐야 했던 배경엔 '다름에 대한 폭력'이 있었던 것이다. 그래서 "이젠 a가 믿는 바가 나와 다르더라도 제발 그를 증오하거나 모욕하거나 특히 그에게 폭력을 휘두르지 말자."라며 '이성'에 호소한 의식이 똘레랑스였다.

1787년 루이 16세는 '똘레랑스 칙령'을 포고하여 신교도들의 생활 양식을 공식적으로 인정한다. 그러나 신교 측에선 똘레랑스가 평등이 아닌, 동정의 성격을 띠고 있다고 지적하기도 했다.

"내가 요구하는 것은 똘레랑스가 아니라, 자유다. 똘레랑스! 참음! 용서! 관대! 등은 그 반대편에게는 지극히 부당한 생각들이다. 종교가 다른 게 사실이지만, 그것이 죄는 아니다. 똘레랑스! 이 '부당한' 단어는 우리들이 마치 동정받아야 할 시민이며, 용서받아야 할 죄인처럼 보이게 만든다."

당시 신교 측의 대표적인 인물이자 대혁명 인권선언문 작성에 기여한 라보 생테티엔이 똘레랑스 칙령 의 한계를 표명한 연설문이다. 신교를 그냥 용납하는 것으로 그칠 게 아니라 신교에게 구교와 대등한 '자유'를 달라는 내용이다. 바로 이런 점 때문에도 똘레랑스는 아주 서구적인 개념이라고 할 수 있다. 나와 다른 것을 이해하고 존중하는 미덕이지만 저항하는 소수의 입장에서 나올 법한 이념은 아니기 때문이다. 그래서 '똘레랑스'보다는 그냥 '존중(respect)'을 더 높이 사는 이들도 있다.

대혁명과 더불어 "모든 시민은 자유롭고 평등"하므로 종교적 의지의 표현도 자유롭다는 취지의 인권선언문이 발표되었다. 결국 '똘레랑스'에다 '자유'와 '평등'이 더해져 종교의 자유가 이루어진 것이며, 나아가 신앙뿐 아니라 사상의 자유로까지 발전하게 된 것이다. 신교의 보급으로 교리가 다양해지고 서서히 자유주의와 개인주의 그리고 시민 개념이 자리잡아가던 시대적 배경에서 똘레랑스는 사회적 충돌과 혼란을 접고 평화를 유지하기 위해 사상적, 정치적으로 요구되었던 가치였다.

주의해야 할 것은 똘레랑스는 어떤 행동을 실천하고 판단하는 기준으로, 실현되어야 하는 '행동 강령'이라는 점이다. 다른 이념과 마찬가지로 '어떤 환경에서, 무엇에 대해, 어떻게 실천되어야 하는가?'라는 '진행형'의 고찰이 병행되어야 할 것이다. 그러기 위해서는 그 사회에 대한 이해가 바탕이 되어야 하는데, 당연한 얘기지만 똘레랑스가 필요한 상황이나 대상은 사회에 따라 다를 수 있다.

사회가 복잡해질수록 앵똘레랑스가 늘어가기 마련이라, 똘레랑스가 시급히 발휘되어야 하는 상황과 영역은 나날이 늘고 있다. 100년 혹은 200년 전과 지금의 사회는 천지 차이다. 이 시대의 종교와 국가의 영역, 그리고 개인 자유의 차원은 그 시절과 너무 달라졌으며, 개인이나 사회가 만들어내는 '다름'도 각양각색이다. 어떤 것에는 똘레랑스를 보이는 게 당연해졌는가 하면, 똘레랑스가 겨뤄야 하는 앵똘레랑스의 항목이 새롭게 부각되기도 했다. 20세기 프랑스에서 '개인의 자유'와 '똘레랑스'가 겨냥했던 대표적인 앵똘레랑스 영역은 '성'과 '불평등' 그리고 '인종차별'일 것이다.

신앙의 안식처인 '신의 집'이 있는가 하면, '똘레랑스의 집'이란 것도 있다. 이게 뭘까? 똘레랑스의 집은 19세기에 생긴 창녀의 집으로, '자손을 잇기 위한 성스러운 성(sex)'이라는 통념을 가진 사회에서 '가정 밖에서 사고파는 성'을 법으로 허용하면서 생겨났다. 법이 정하는 위생과 규율에 따르면 윤락행위를 할 수 있도록 욕망과 성에 대해 똘레랑스를 발휘했는데, 지극히 남성 위주의 똘레랑스였다.

성매매 합법제가 '프렌치 시스템'으로 불리며 외국으로 파급되었듯이, 프랑스는 성에 대한 남다른 똘레랑스로 서구 사회에서 성매매를 합법화하는 데 '개척자' 역할을 했다. 에밀 졸라의 소설 주인공 나나를 그린 그림으로 우리에게도 익숙한 마네의 「나나」는 당시 윤락녀들의 생활 모습을 잘 보여주고 있다. 윤락녀들은 19세기 프랑스 문예 작품 속에서 꽃을 피운 소재였다.

1946년 똘레랑스의 집은 검열의 어려움, 포주의 횡포, 비위생과 비윤리 등의 이유로 "프랑스 국토에서 모든 똘레랑스 집은 금지된다."라는 법이 생기면서 문을 닫았다. 그뒤 프랑스에선 포주를 낀 성매매는 법으로 금지되고, 개인 매춘만 허용되어 윤락녀들은 거리로 나서게 된다. 그렇게 똘레랑스 집은 법적으로 폐쇄되어 다시 '닫힌 집(프랑스어로 창녀의 집을 일컫는 단어)'이 되지만 그것이 여성사나 성의 역사에 남긴 의미는 컸다. 무엇보다도 '여성의 몸'에 대한 논쟁을 일으키는 데 크게 기여했다. 프랑스에선 '남성 소유'에서 '남성이 매매할 수 있는 것'으로 바뀌었다가 1967년에 피임이, 1974년엔 낙태가 합법화되면서 '난 내가 원할 때 어머니가 된다.'로 여성의 몸에 대한 해석이 달라졌다. 이런 법들은 당시 사회에선 앵똘레랑스였던 영역에 똘레랑스와 자유를 부르짖어 통과된 것이다.

성에 대한 프랑스적 특색이라면, '금지론'보다는 '폐지론'을 더 지향하며 똘레랑스를 보여왔다는 점이다. 이 때문에 치안을 기치로 2003년에 실시된 '불법 윤락녀 처벌법(사르코지법)'은 수많은 잡음을 냈다. 암흑가의 포주들을 색출하기 위해 거리의 윤락녀들을 겨냥하여 실시된 이 법은 윤락녀들을 범죄자처럼 다루어 인권단체들에게 '프랑스의 수치'라는 평을 들었다. 여성운동단체들의 의견도 분분하지만 윤락에 대해서는 남성의 욕망을 충족시키는 것은 반대하고, 자신이 원해서 '자의로 선택'하는 윤락은 찬성한다는 입장을 보인다.

20세기에 프랑스뿐 아니라 전 세계적으로 부각된 문제는 '인종차

마네「나나」. 프랑스는 성에 대해서도 남다른 똘레랑스를 보여 성매매를 허용하고 창녀의 집을 '똘레랑스의 집'이라 불렀다. 이 그림은 에밀 졸라의 소설 주인공 나나를 그린 것으로 당시 윤락녀의 생활 모습을 보여준다.

별'과 '불평등'이다. 두 차례의 대전과 종족 간의 처참한 학살이 강행되었던 20세기를 겪어오면서 '인종차별 금지'는 유엔과 유럽연합(EU) 그리고 여러 나라들이 법제화해 추구해야 할 과제가 되었다. 나아가 인권을 헤아려보면서 '차별의 종류'를 세분하고 차별 금지 항목을 늘려갔는데, 그중에서 프랑스를 비롯한 서유럽에서는 성차별 금지와 동성애자 차별 금지가 현저하게 부각되었다. 특히 동성애에 대한 똘레랑스는 '성의 자유'와 '차별 금지'라는 논리로 20세기 말 서구에서 두드러지게 나타나는 현상이다.

이런 점들을 고려하면, '프랑스엔 똘레랑스가 있다/없다.'라는 표현은 어불성설이다. 게다가 '어느 사회가 더 똘레랑스하다.'라는 식의 표현도 별다른 의미가 없다. 그 사회 환경과 인간관계를 염두에 두면서 '과연 무엇에 대한 똘레랑스냐?'를 관찰하려 해도 관찰이 힘든 영역이 있을 뿐만 아니라, 더 근본적으로는 비교가 불가능한 사회들을 억지로 비교하는 격이 되기 때문이다. 특히 역사와 문화가 다른 사회들을 특정 미덕으로 비교하는 것은 무의미하다.

프랑스만을 두고 보더라도, 이 사회가 당면한 환경이나 시대 변화를 고려해볼 일이다. '이성으로 사고할 수 있는 진리'가 빛을 발하던 때 강조되었던 '똘레랑스'가 그동안 앵똘레랑스에 맞서 분투해오면서 낳은 특기할 만한 성과는 '유일무이한 절대적 진리관을 벗어나 상대적 진리를 인정'하는 자세였다. 그런데 이런 태도가 개인주의와 병행되면서 '내가 원하는 게 곧 진리'라는 양상을 띠며 복수의 '진리들'을 만들어내고 있다. 모두에게 적용되는 보편적 진리란 없으므로, '내'가 주축이 된 내 생활에서 '나의 선택'은 모두가 존중해줘야 한다는 식의 사고방식은 프랑스 사회에서는 보편적이다. 그와 함께 개인의 선택사항에 대해서 타인이나 사회가 왈가왈부하는 것은 용납할 수 없다는 분위기도 농후해지고 있다.

그러다 '각자 따로', '내가 원하는 대로'의 자세로 나타나거나, '나와 다른 것'과 '내가 싫어하는 것'에 대해서는 아예 무시해버리는 개인주의의 극치 현상을 보이기도 한다. 그 결과 무지개처럼 다채로운 다양성들이 곳곳에 존재하지만, 서로 비켜가며 '끼리끼리' 뭉쳐 꼭꼭 문을 닫아버리거나 나와 상관없는 일에는 아예 무관심해져버리는 것이 오늘날 프랑스 사람들의 모습이다. 그렇듯 다양한 의도가 모양만 '똘레랑스'를 띠면서 나타나기도 한다.

　오늘날 프랑스인에게 "똘레랑스가 뭐냐?"라고 물어보면, '타인, 존중'이라는 단어들을 섞다가 끝내 제대로 표현하지 못할 사람들이 적지 않다. 중등교육에서 '인권'과 함께 그것이 미덕이라고 배웠지만 구체적으로 어떻게 실천할지를 고민해본 사람을 만나기는 쉽지 않다. 그러다 "나는 그들을 존중한다…. 왜냐면… 내 문제 아니니까… 나하고는 상관없으니까."라거나 "나는 적어도 인종차별자는 아니다."라는 식으로 결론을 맺기도 한다. 그렇게 개인이 왕이 되어버린 사회다.

　그러면 '개인의 선택에서 비롯되는 모든 것을 존중해줘야 하는가?'라는 의문도 생긴다. 자살도?… 안락사는? 인간 복제는?… 수많은 사회적 이슈와 결부되었을 때, 앵똘레랑스와 똘레랑스의 영역을 분명한 선으로 긋는 것은 힘들어진다. 이기심과 다양한 가치 기준이 난무하는 이 시대에 과연 어떻게 똘레랑스를 발휘해야 하는가는 서구 사회가 안고 있는 큰 고민이 아닐 수 없다.

　똘레랑스에 대한 철학적 고찰도 어렵긴 마찬가지다. 그 옛날처럼 종교, 국가, 개인에만 초점을 맞추더라도 작금의 종교 간의 충돌에 대한 고찰이 필요하고(4장의 「국교는 라이시테」 참고), 그 시절 한창 팽창해가던 국가와 이제 개인주의가 만연할 대로 만연해있는 사회에서의 국가의 역할 등 수많은 현실적 고찰과 당면하게 된다. 게다가 요즘은 보편적인 가치보다 상대적인 가치들이 문화의 이름으로 난립하고 있어 개인 차원에서도 똘레랑스가 발휘되어야 하는 상황 또한 세분화, 상대화되고 있다. 기업의 횡포, 짓밟히는 노동자의 인권, 고통받는 빈곤층, 문란한 성생활, 차별당하는 이민자들, 특정 집단이나 계층의 특권 등 사회의 여러 현상들은 개인이나 계층에 따라 '상대적인' 앵똘레랑스를 만들어내고 있다. 관점에 따라서 어떤 문제에는 지나치게 똘레랑스를 보이고, 또 어떤 것에는 똘레랑스가 제로이기도 하다.

이런 점을 고려하여 석학들은 똘레랑스가 '무조건적인 관대'나 '무관심'하고는 다르다고 강조한다. 또한 '똘레랑스는 과연 미덕인가?'라고 근본적인 질문을 제기한다. 똘레랑스가 미덕이기 위해서는 변하는 사회에서 기술, 문화, 경제, 정치 등의 다양한 영역에서 세밀하고도 치밀한 고찰과 함께 무엇에 대하여 어떻게 발휘할 수 있는가에 대한 고민이 계속되어야 할 것이다.

현대 사회에서는 똘레랑스의 고유한 의미가 실현되고 발휘되는 데 어려움을 겪고 있긴 하지만, 서구의 혼란기에 대립되는 사상들이 폭력을 줄이고 공존하기 위해 필요했던 '똘레랑스'가, 세계화의 여파로 수직적인 관계의 횡포가 극심해지고 있는 이 시대에는 꼭 필요하다.

이에 부응하여 1995년 유네스코가 「똘레랑스의 원리 선언문」을 발표했다. '다름과 타인에 대한 존중'인 똘레랑스로 타인과 타 집단에 대한 편견, 모욕, 증오를 지양하고 상호 조화를 이루자는 내용이다. 1990년대에 알제리, 르완다, 유고슬라비아 등 세계 곳곳에서 인종과 종교, 문화 차이로 학살과 전쟁이 일어났음을 상기하면, 그야말로 급박하게 세계를 향해 '똘레랑스'를 호소해야 한다.

유네스코는 전 세계에 똘레랑스 이념을 심기 위해 11월 16일을 '똘레랑스의 날'로 정해 똘레랑스 캠페인을 벌이고 있다. 유네스코 선언문에도 명기되어 있듯이 똘레랑스는 현대 사회에서 집단 간의 증오와 폭력을 줄이고 다른 문화를 존중해, 국가·집단·문화 간의 평등관계를 유지하기 위해 필요한 미덕이다. 무엇보다도 강자가 약자에게, 특히 노약자와 소수, 소외 집단에게 발휘되어야 하는….

2 사랑, 그 복잡한 함수

서구 문학이나 예술, 철학에서 **동성애**가 나타난 건 까마득하게 오래전이었으며, 20세기에 들어서는 예술인들이 자신의 동성애 성향을 곧잘 대중에게 노출했다. 오스카 와일드, 장 콕토, 앙드레 지드, 미셸 푸코 들은 우리에게도 익히 알려진 동성애자들이다.

사랑, 그 복잡한 함수

하늘이 무너져내린다 해도

땅이 꺼져버린다 해도

네가 날 사랑한다면 난 개의치 않아

무슨 상관이 있겠어

아침에 사랑이 가득한 한

내 몸이 네 손길에 떨고 있는 한

난 개의치 않아

내 사랑, 네가 날 사랑하니까

에디트 피아프의 노래 「사랑의 찬가」다. 1949년 곡이니까 벌써 반 세기가 지난 노래지만, 이 노래는 프랑스인들이 가장 선호하는 사랑에 관한 대중가요 1위 자리를 꾸준히 지키고 있다. 피아프의 열창으로 들으면 거부할 수 없는 맹목적인 정열이 느껴진다.

'진정한 사랑'이라는 논조로 '희생'을 강요하는 우리식 정서로 보면 프랑스는 과감한 사랑이 난무하는 곳이다. 사랑을 미화하는 예술 작품들이 수두룩하고, 일인당 섹스 횟수가 가장 많은 국가로 언급되기도 한다. 그렇지만 사랑이라는 단어 자체가 추상적이듯이, 어떤 사회의 구성원들이 어떻게 사랑을 나누는지는 결코 구체적으로 설명해낼 수 있는 논제는 아닐 것이다. 게다가 그 사회에 대한 이해 없이는 그야말로 오해하기 쉬운 것이 한 사회 속의 인간관계이므로, 사랑은 다른 사회와 섣불리 비교하거나 가치판단을 할 수 없는 논제이기도 하다.

이 장에서는 현재 프랑스 사회에서 가족을 비롯하여 사랑의 함수가 만들어내는 다양한 모습들을 훑어보면서, 프랑스 사람들의 생활방식의 기본 토대를 더듬어보겠다. 프랑스 중세문학에서 중요한 자리를 차지했고 유럽문학에 크게 영향을 미친 『트리스탄과 이즈』의 사랑 얘기에서, 숙명적인 열정을 비극적인 결말로 이끈 '사랑의 묘약'은 오늘 프랑스 사회에서 더욱더 복잡한 사랑의 함수를 만들어내고 있다.

자식보다 더 반항적인 부모

"당신은 독립했나요? 아니면 부모님 집에 사세요?"라는 질문은 요즘 프랑스 젊은이들에게는 시사하는 바가 각별하다. 젊은이들의 생활을 일반화할 수는 없지만, 근간에 두드러진 현상 중 하나가 이전에 비해 독립 시기가 늦어지고 있다는 점이다.

파리 4대학에서 문학을 전공하는 이자벨도 이 부류에 속한다. 독신인 이자벨은 부모님 집에 살고 있다. 남자친구와 동거하는 친구들이 적지 않지만 이자벨은 아직까지 부모님에게서 독립하지 않았다. 그 이유는 이자벨 가족이 파리지앵(파리 사람)이라, 같은 도시에서 굳이 혼자 분가할 명분이 없어서기도 하고, 더 솔직하게는 아직은 부모님 곁을 떠나고 싶지 않아서다. 어차피 언젠가 결혼하면 영원히 떠날 보금자리가 아닌가. 더욱이 파트너와 같이 생활하면 모든 걸 스스로 책임져야 하지만 부모님 집에 살면 경제적인 장점에다 자신만의 시간을 충분히 가질 수 있는 등 장점이 많다. 그래서 '자유'를 외치며 분가한 친구들이 하나도 부럽지 않다.

이자벨은 요즘 프랑스에서 흔히 볼 수 있는 젊은이다. 한국인의 시각으로는 부모님과 함께 살면서 학업하는 이자벨이 당연해 보이지만, 동거가 일반적이고 성년이 되면 부모 곁을 떠나는 게 프랑스에선 더 자연스럽다. 부모세대의 청년시절과 비교해보면, 이자벨 같은 젊은이들은 확실히 '늙은 아이'임이 틀림없다.

28세 청년 탕기가 부모 집에 얹혀 살며 일어나는 에피소드를 담은 영화「탕기」. 프랑스에선 장성한 나이에도 불구하고 경제력이 없어 부모에게 얹혀 사는 '탕기족'이 늘고 있다.

이 비슷한 얘기를 담은 「탕기」(2001년)라는 영화가 있다. 28세의 청년 탕기와 그의 부모의 일상을 그린 코미디다. 세계화 시대의 젊은이답게, 머나먼 중국에 심취한 탕기는 학벌도 좋고, 벌이가 괜찮은 직업도 있다. 그런데 탕기는 우리식으로 부모를 모시고 사는 게 아니라 프랑스식으로 부모 집에 얹혀 산다. 영화에서 부모를 지극히 사랑하는 탕기의 모습은 어딘지 이자벨을 닮았지만, 장성한 자식과 부모의 동거생활은 행복하다기보다는 오히려 복잡 미묘하다. 이 영화는 단순한 허구가 아니라 이자벨과 같은 오늘날 프랑스 젊은이들을 사실적으로 잘 묘사해서, 젊은 세대와 부모세대 모두에게 상당한 공감을 불러일으켰다.

탕기의 부모세대는 1968년에 "우리에게 금지하는 것을 금지한다."라고 외치며 거리로 나서 사회를 개혁했던, 반항과 자유로 대변되는 '68세대'다. 2차 세계대전 후 베이비붐 세대이기도 한 이들은 재건과 번영이 이루어지던 물질적으로 풍족한 시대상황에서도 사회적 불의와 억압을 거부하며 독립과 자유를 갈구했었다.

사회학자 에드가 모랭은 68세대를 "사회를 바꾸어놓는 이상으로 자신들 삶의 방식도 바꾸길 원했다. 그들은 자유롭고도 독창적이길 원했다."라고 평가하는 반면 일부에서는 "오늘의 프랑스를 도덕도 믿음도 없는, 자유 난장판으로 만들어놓은 세대."라고 혹평하기도 한다.

그런데 그 자녀세대인 지금 젊은이들의 모습은 그들 부모의 젊은 시절과는 너무 대조적이라 흥미롭다. 그들은 빨리 어른이 되기보다는 가능한 한 오랫동안 독립적인 생활을 보류한 채 부모의 보호 아래 '어른아이'로 머물기를 마다하지 않는다. 프랑스의 한 주간지가 영화에 빗대어 '탕기세대'라고 부르기도 한 프랑스의 젊은 세대는 부모 집에 더 부살이하면서 주거비, 식품비를 절감하고, 학업을 이유로 부모의 재정적인 지원에 크게 의존하고 있는 것으로 나타났다. 그러니 탕기족의 암묵적인 구호는 그야말로, '힘들어! 힘들어! 어른 되기가.'다.

이런 현상은 젊은이들이 경제력이 없어서 결혼, 취업, 학업 연령이 늦어지면서 생겨난 것으로 분석된다. 독립적인 젊은 세대가 아니라 '늙은 아이'로 살아가는 탕기족 나이는 25세까지는 거의 일반적이고, 25세 이후로 연장되는 추세다. 20세에서 29세까지의 젊은이들 중 남자는 절반, 여자는 3분의 1이 여전히 부모와 함께 살며, 19~24세까지의 젊은이 10명 중 8명이 부모에게 재정적인 도움을 정기적으로 받고 있는 것으로 알려져있다. 여자보다는 남자가, 학력이 높을수록, 늙은 아이로 머무는 햇수가 늘어나고 있다.

탕기족 생활은 안정적인 직업을 가지면서 본격적으로 혼자 살거나, 결혼이나 동거를 하거나, 혹은 첫아이가 태어나는 등 독립생활이 불가피할 때 끝난다. 그러나 직업 없이 동거나 결혼을 할 때는 부모에게 재정적인 도움을 받을 수밖에 없다.

따라서 탕기세대와 그 부모세대의 의식은 상당히 대조적이다. 부모세대는 자식세대보다 훨씬 독립적인 성향을 보인다. 그래서 상대적으로 '힘들어! 힘들어! 늙은 아이 부모 노릇하기도.'인 셈이다.

영화 속에서 탕기 어머니가 장성한 탕기와 함께 생활하면서 쌓인 스트레스 때문에 정신과 의사에게 상담을 받는 등, 더부살이하는 탕기를 참을 수 없어 하는 탕기 부모의 다양한 심리 표출과 행동들은 그들이 독립성 강한 68세대임을 보여주고 있다.

"두 번의 임신과 출산만으로도 충분한데, 18개월을 또 견뎌야 한다니….
아악! 나는 더는 참을 수 없어!"

탕기가 집을 나가는 중국 출국일이 18개월이나 연기되었다는 소식을 접하고, 탕기 어머니가 남편에게 히스테리 조로 쏟아놓은 대사다. 68세대는 어느 세대보다도 여성해방을 부르짖었으므로 '18개월의 고충'이라 한 것은 적절한 표현이다.

툭하면 새로운 파트너를 집으로 데려와 동침하는 건 성년이 된 아들의 자유다. 그것에 대해 아들에게 이러쿵저러쿵 불평을 늘어놓진 않지만, 그런 생활을 하는 자식과 한집에 사는 건 부모에게는 어쨌든 불편한 일이다. 그렇다고 아들이 빨리 결혼하는 것을 바라는 것은 아니고 단지 자신들이 아들 나이 때 했던 것처럼 아들도 자신만의 독립적인 생활을 해주길 바란다고나 할까.

결국 모두가 원하던 대로 탕기는 중국에서 자리잡고 탕기를 방문한 부모가 만리장성을 관광하는 장면에서 영화는 끝을 맺는다. 각 세대가 자신들의 시대적 배경을 발판으로 삶의 터전을 마련하고 다른 세대의 생활방식과 꿈을 존중한다는 점에서, 이 영화가 '해피엔딩'이라는 데 고개를 끄덕여본다.

이혼은 인지상정

비가 억수같이 내리는 날,

사랑하는 여자를 태운 채 떠나가는 택시.

남자는 아쉬움에, 비에 흠뻑 젖은 채 허겁지겁 달려가 택시를 따라잡는다.

멈춰선 택시… 열리는 문,

남녀는 서로 확신의 눈길을 주고받다가 '결혼'이라는 결단을 내린다.

이때 남자가 하는 말

(잠깐!) 이런 장면에서 남자가 여자에게 무슨 말을 할까?

(힌트) 영화가 아니라, 은행 광고임.

(정답) "행여 잘못되거나 이혼이라도 하게 되면, ○○은행이 책임질 거야!"

2004년 하반기에 나온 TV광고인데, '따로'라는 은행 상품을 소개한 이 광고는 결혼 이미지를 부정적으로 전달한다는 이유로 가족협회에서 항의를 받았다. 아무리 이혼이 성행한다지만 '대중을 겨냥한 광고에 가정 파탄을 뜻하는 이혼을 부각시켜야 하는가?'라는 것이다.

　은행이 현대인의 삶에 불가결한 역할을 하다 보니 그동안 은행 광고들이 탄생, 만남, 결혼, 출산, 양육, 노화 등의 인간사를 마치 휴먼드라마같이 잔잔하게 묘사해왔는데 이 광고에서는 특별히 이혼을 부각시킨 것이다.

　내 기억으로는 이와 비슷한 광고가 또 있었다. 거기선 은행이 아니라 자동차였다. 한 젊은 남자가 'OO자동차'를 몰고 결혼식장에 와서 행복하게 결혼식을 올린다. 그리고 몇 년 후, 그 남자는 이혼하고 다른 여자와 재혼하는데, 그때도 같은 자동차를 몰고 온다. 그리고 또 몇 년 후… 하는 식으로, 흐르는 세월과 함께 늙어가는 남자가 이혼과 재혼을 계속 반복하지만 늘 식장에 몰고 가는 자동차는 같다는 광고였다. '사랑보다 오래가는 자동차'라는 이미지를 전달하려 한 것이다. 이 광고의 뒷얘기는 정확히 모르지만, 꽤 오래전에 방송된 것이어서 아마 그

때도 가족협회의 항의를 받았을 것이다.

자동차 수명이나 은행의 책임 정도는 의심의 여지가 있지만, 그 광고들 속의 상황은 꽤 현실적이다. 프랑스에선 결혼한 세 쌍 중 한 쌍 꼴로 이혼하는 실태고, 결혼뿐 아니라 동거까지 합하면 수많은 쌍들이 수없이 헤어지고 있다. 그 광고가 단지 '이혼'만을 언급하는 것이 아니라 '행여 잘못되어' 생기는 '헤어짐'이라는 광범위한 어감을 내포하는 것처럼, 프랑스 사회에서 사랑 때문에 파생되는 만남과 헤어짐의 유형은 나날이 다양해지고 있다. '어떤 유형으로 만났든지 간에, 서로의 삶에 어느 정도 깊이 관계를 맺었든지 간에 헤어질 때 발생할 사태에 대해 재정적으로 준비하라!'고 외치는 그 광고는, 광고답게 최대의 소비자를 겨냥하고 있는 것이다. 그래선지 이 광고는 어느 정도 성공적이었다는 후문이다.

사실상 프랑스 곳곳에서 발생하는 만남과 헤어짐에 관한 다양한 에피소드를 엿보면, 프랑스 문예 작품들을 감상하는 데 퍽 도움이 된다. 그런 작품들에 흔히 등장하는 인물이 '아망(l'amant)'과 '메트레스(la maîtresse)'다. 한국어로 번역하면 남자애인, 여자애인(혹은 첩)쯤 되겠는데, 성관계는 지속적으로 가지지만 결혼을 하지 않은 남녀를 칭하는 단어들이다.

　마르그리트 뒤라스의 『연인』은 우리에게도 잘 알려진 소설이다. 뒤라스의 자전적 소설인 이 작품은 유부남을 애인으로 둔 사춘기 막바지의 소녀 이야기다. 이 소설에서 독창적인 언어로 표현되는 뒤라스의 감성을 이해하기 위해서는 소설에서 묘사되는 시대적 배경 외에도 소설 속 인물들의 미묘한 감성까지도 이해할 필요가 있다. 그런데 가수 자크 브렐이 이런 주제로 부른 대중가요는 코믹하면서도 신랄하게 들린다.

그의 아내의 애인을 어떻게 죽여버릴까. 나처럼 전통대로 자랐다면.
그의 아내의 애인을 어떻게 죽여버릴까. 나처럼 종교적으로 키워졌다면.
시간이 필요해. 그런데 시간이 없어.
그녀를 위해 밤낮으로 일하고 있는데. 게다가 일요일엔 특근까지.
…
왜 그의 아내의 애인을 죽여? 그가 성병에 걸린 게 나 때문인데.
왜 내 아내의 애인을 죽여? 그가 페니실린을 맞고 있는 게 나 때문인데.

'그의 아내'로 이어지다가 마지막 구절에 가서 '내 아내'로 끝맺는, 재치와 아이러니가 돋보이는 노래다. 복잡한 불륜을 마치 가벼운 일상처럼 노래하고 있다. 잠깐! 이 노래가 나온 게 1968년이니까, 브렐이 능청을 떨며 자연스럽게 노래하고는 있지만, 그때는 엄연히 '간통'이 프랑스 법문에 위법으로 기록된 시대였다. 따라서 시대상으로는 투명한 일상이라기보다는 '불투명한' 일상인데, 샹송의 대가 브렐답게 재치 있게 사회상을 풍자하고 있다.

　프랑스에는 뒤라스의 소설이나 브렐의 노래뿐 아니라 불륜을 소재로 한 문예 작품이나 정치적 사건들이 허다하다. 프랑스에선 같이 살고 있다고 결혼한 게 아니고, 결혼하지 않았다 해서 아이가 없는 것도 아니며, 나이 지긋한 커플이라도 부부가 아닐 수 있다고 이해하면 된다. '결혼'이라는 결합 형식이 사랑하는 두 남녀가 꼭 도달해야 하는 목표가 아니라는 의식은 일반적인 편이다. 그래서 결혼에 관한 냉소적인 농담들이 현실적으로 피부에 와닿아 웃음을 자아내기도 한다.

"내 아내는 '천사'야!"

■ 프랑스의 일반적인 결혼식 풍경. 시청에서 공식적인 예식을 올리기 때문에 토요일마다 시청 앞에서 흔히 볼 수 있는 광경이다. 그러나 일요일에는 볼 수 없다. 왜? 일요일은 휴무니까.

"그래? 넌 좋겠다. 내 아낸 아직도 살아있어!"

'천사와 같은 아내'라는 의미가 아니라 '사망해서 천사가 된'이라고 해석하여 결혼을 비꼬는 농담이다.

"결혼(mariage)은 마치 사막의 신기루(mirage)와 같다. 성이 있고, 야자 수도 있고, 낙타도 있다가 … 한순간에 사라져선 결국 낙타만 남는…."

이런 식의 농담들이 프랑스에서는 예사롭다. 이런 사회라면 커플이 만나고 헤어지는 일에 법이 관여하는 '이혼'을 힘들게 하게 해야 할까, 쉽게 하게 해야 할까? 이와 관련해선 정치적 보수냐 진보냐에 따라 크게 견해가 다를 것이다. 결혼과 이혼은 사회와 국가를 형성하는 기본 단위인 가족과 연관되므로 다양한 사상들이 얽혀 역사적으로 논란이 되어온 이슈다.

역사적으로 살펴보면 프랑스에서 '이혼'은 여성의 수난사만큼이나 역경을 겪은 단어다. 결혼은 절대로 파기할 수 없는 성스러운 결합이라는 중세 종교적 입장이 고수되어오다가, 볼테르와 몽테스키외 등 18세기 계몽주의 철학자들이 이혼에 동의하는 의견을 내놓기 시작했다. 그들은 '파기할 수 없는 결혼'이라는 통념에 반대하였다. 그러다 시민혁명(1789년)의 물결을 타고 개인의 자유를 강조하면서 이혼이 자유롭게 받아들여지는 단계에 접어들었는데, 혁명 직후에는 이혼 남용의 폐단이 심했다고 전해지고 있다.

그러다 법으로 국민들을 다스리는 민법인 '나폴레옹 법전'의 탄생(1804년)으로 결혼과 이혼 조항이 법문에 상세히 명기되었지만, 이후 보강 과정에서 이혼은 다시 금지되어(1816년) 가족의 위상이 절대적으로 중시된다.

나폴레옹은 '나폴레옹 법전'을 두고 "나의 진정한 승리는 전투의 승리가 아니라, 바로 민법을 탄생시켰다는 점이다."라며 자부했다. 나폴레옹 법전에는 시대에 어울리지 않게 협의이혼까지 언급되며 이혼 절차가 상세하게 적혀있는데 법전 속의 간통과 이혼의 성립이 흥미롭다. 남편은 아내가 간통하면 이혼을 요구할 수 있는데 아내는 남편이 집에서 간통한 경우에만 이혼을 요구할 수 있고, 협의이혼은 결혼한 지

2년이 흘러야 하고 결혼 후 20년이 지나면 불가능하며, 어떤 경우건 부모나 웃어른의 동의를 얻어야 한다는 내용이다. 게다가 나폴레옹은 "정원의 나무가 정원 주인의 소유이듯 여성은 후손을 생산하기 위해 남자에게 '주어진' 존재"라는 여성관을 갖고 있어서 여성운동가들의 천적이 되었다.

그 뒤 여러 차례 이혼을 입법화하려는 움직임이 있었지만 별다른 결과를 얻진 못했다. 당시 이혼을 찬성하는 쪽에선 "흑인 노예제는 폐지하면서, 왜 가정에서 노예나 마찬가지인 여성들은 해방시키지 않느냐?"라는 의견을 펴기도 했다. 지극히 남성 위주의 사회여서 '똘레랑스 집'이 존재하여 유부남의 외도가 난무하던 시대였음을 생각하면 충분히 이해가 가는 주장이다.

그러다 이혼법이 마련된 것이 제3공화국이 성립되어 공화국 민법을 강화한 1884년이다. 그 내용은 배우자의 치명적인 과오 때문에 도저히 결혼생활을 지속할 수 없는 경우 '합당한 증거'를 보이면 이혼 여부를 판결할 수 있다는 '판결이혼'으로 고전적인 이혼 형태다. 산업화와 민주화가 급격히 진행되던 19세기라는 시대상을 업고 받아들여진

이 이혼법에 '협의이혼' 메뉴가 정식으로 다시 더해진 것은 그로부터 1세기가 지난 1975년이다. 두 사람이 합의하면 이혼이 가능하게 되었고, 간통 성립 부분에서도 개혁이 일어났다.

오랫동안 간통은 여자의 경우 징역이라는 엄벌에 처할 수 있고, 남자에겐 벌금형을 가할 수 있었던 죄였다. 그런데 이 법에서 '간통'은 이혼의 명분은 되지만, 위법 항목에서는 지워졌다. 이제 결혼한 마리와 카사노바의 관계나 결혼한 폴과 보바리 부인의 관계가 심각해지는 일은 '죄'가 아니라 '유혹'과 '모험'이 된 것이다. 이 새로운 이혼법은 당시에는 혁명적이었지만, 결혼과 이혼을 쉽게 생각한다는 반대 의견도 빗발쳤다.

30여 년이 지난 지금, 전체 결혼 쌍에 대한 이혼 쌍의 비율이 연평균 35퍼센트를 훨씬 넘고, 수치로만 따지면 매년 12~13만여 쌍이 헤어지고 있다. 이제 외도가 만들어내는 다양한 에피소드들이 잡지를 장식한다. 그런 와중에도 '세월이 변했는데 몇 십 년 전의 이혼법이 시민들의 기대에 부응하는가?'라며 논란은 계속되었다. 특히 개혁파는 이혼의 법적 절차가 너무 복잡하여 당사자들의 생활에 타격이 크다고 비판하였다. 그 결과, 이혼 절차를 더 간소화하고 배우자 간의 평화적인 타협을 권장하는 새 이혼법이 2005년부터 실시되고 있다. 새 이혼법에선 이혼 메뉴가 더욱 세분화되었고 메뉴에 따라 절차를 조율할 수 있다.

이런 변화가 이후 프랑스 가족사에 어떤 영향을 미칠지는 알 수 없지만, 커플 간의 헤어짐이 일상이 되어가는 것이 현실이므로 "혹시 잘못되어 헤어지기라도 하면"이라는 광고는 여전히 많은 이들의 귀를 솔깃하게 할 것이다.

당신들은 어떤 관계?

프랑스 초·중등학교에서는 학년 초에 학부모회 대표들을 직접선거로 뽑는다. 그런데 2004~2005학년(프랑스에서는 가을에 학년이 시작되므로 한 학년을 이렇게 부른다) 선거에선 전에 없던 일이 일어났다.

아이의 부모는 '그들의 결합관계가 어떻든지 간에' 선거에 출마할 수 있고, 투표에도 참여할 수 있다는 내용이 새삼스레 덧붙여진 것이다. 그러면서 학교 측은 투표용지 하나만을 가정통신란에 첨부하던 관례를 깨고, 투표용지를 두 장씩 가정으로 보냈다. 이 변화는 2002년에 생긴 '부모의 아이 보호권'에 근거하고 있다. 이전의 법에서 아이는 부모가 이혼할 경우 양육권을 가지는 쪽에서만 거주할 수 있었는데 개정법에서는 부모의 거주지를 '왕래할 수' 있다. 헤어진 부모가 아이에 대해 일종의 평등권을 갖게 된 것이다. 교육부에서 이 내용을 학교에 공문으로 띄웠고, 이것이 학부모 선거권에까지 적용된 것이다. 여기서 집작할 수 있듯이, 오늘날 프랑스의 가족 형태는 다양하게 '재구성'되고 있다. 통계에 따르면 아이가 있는 802만여 커플 중에서 7만여 가족들이 재구성되었다고 한다.

여느 서구 사회와 마찬가지로 프랑스도 이미 오래전부터 이혼율이 늘어나고 결혼율이 줄어드는 대신 독신으로 살거나 동거하는 등 가족 형태가 복잡다단해져 가족을 한마디로 정의하는 일이 거의 불가능해졌다. 그와 더불어 법이 인정하는 '결합 유형'이나 거기에 따른 '가족관계'도 계속 변천되어 그런 상황을 표현하는 단어들도 늘어나고 있다.

위에서 '부모의 아이 보호권'이라고 썼지만, 이런 프랑스적 권리나 의무를 한국어로 번역하는 일은 여간 까다로운 게 아니다. 특히 일대일로 대치될 만한 국내상황이 없거나, 있더라도 법적으로나 행정적인 처우가 달라서 정확한 뉘앙스를 전달하기가 힘들다. 한 예로, '미혼/기혼'이라는 식으로만 자신의 호적상황을 얘기하는 데 익숙한 우리에겐 프랑스에서 흔한 '동거 중'이라거나 '아이가 있는 독신'이라는 식의 표현은 낯설게 들린다.

프랑스에서 혼외 동거커플은 1960년대 이후 대폭 증가해 30여 년

만에 거의 4배나 증가했다(1964년 3만 쌍, 1993년 11만 쌍). 이 때문에 '동거 신고제'가 만들어졌다. 신분증과 거주 증명서를 제출하여 신고할 수 있는 '동거 신고'로 동거인들은 몇 가지 사회복지 혜택을 받을 수 있다. 동거인들이 늘어나면서 몇 가지 기본권이 부여된 것이다. 그러다 1999년부터 시민연대협약법(PACS, 이후 팍스법이라 한다)을 실시해 간단한 사회복지 혜택을 넘어 채무, 세금, 상속 등에 대한 동거인들의 법적 권리와 의무를 대폭적으로 보강하고 있다. 팍스법은 이성커플뿐 아니라 동성커플까지 포함한다.

이런 이유로 프랑스의 호적부는 단지 결혼 여부를 따지는 미혼/기혼뿐 아니라 독신, 동거, 팍스커플, 이혼, 미망인 등으로 다양하게 표현된다. 그러니 프랑스어로 쓰인 다양한 호적사항은 우리에겐 해독부터 어려워 '이게 무슨 단어지?'라는 반응이 나오기도 한다. 거기다 호적에까진 기록되어있지 않더라도 자신의 상태를 있는 그대로 묘사하면 표현은 훨씬 늘어난다.

'법적으론 결혼했지만, 심신은 별거 중'

프랑스에선 같이 살고 있다고 결혼한 게 아니고 나이 지긋한 커플이라도 부부가 아닐 수 있다.

'이혼 수속 중인 예비 독신자'

'자식이 있는 독신 부/모'

'예전에 결혼한 적이 있지만, 지금은 팍스법에서 승인한'… 등.

이런 호적상황에 따라 권리와 의무도 세분화되므로 '어떤 결합이냐?'는 사회복지권, 상속권, 보험 혜택 등 자신의 법적 권리와 의무를 파악하는 데 중요하다. 결합 형식의 변화에 따라 당면하는 구체적인 문제들도 있다. '3년의 결혼생활 후 이혼을 준비하고 있다. 아내에겐 두 아이가 있는데, 아이들의 아빠는 사망했다. 3년 동안 모두 같이 생활해왔는데, 이혼하면 내가 아이들의 생활비를 대야 하는가?'라는 식의 질문은 호적상황의 변화로 직면하게 되는 대표적인 것이다.

'일 년 전부터 지금의 파트너와 생활하고 있는데, 이전에 결혼한 적이 있는 내 파트너에겐 아이가 두 명 있다. 한 명은 미성년자고 한 명은 올해 성년이 된다. 우리는 아직 결혼하지 않았는데, 내 세금신고서에 이들을 피부양자로 명기할 수 있나?'라는 식의 질문도 세금 신고철이 되면 수도 없이 제기되는 질문이다.

프랑스에선 사랑에 의한 결합은 오래전부터 개인의 감정 문제가 되었기에 절차가 복잡한 결혼보다는 동거나 독신이 더 늘어가는 중이다. 결혼 외의 여러 호적상황에 법적인 권한을 부여하는 정책들은 사회 구성원들의 이런 다양한 결합 형태를 수용하는 성격을 띤다. 하지만 한편에서는 이런 변화가 가져올 '전통적 가족 개념의 몰락'에 대한 우려의 소리도 당연히 있다. 앞서도 얘기했지만, 이제 프랑스에선 전통적인 개념으로 '가족'을 설명할 수 없다. '부모'도 부모가 되는 양상이 다양해지면서 기존의 부모권 외에 '독신 부모권'이 생겨났고 지금은 '동성애자 부모권'도 언급되고 있다.

팍스법을 반대하던 측의 주요 논거는, '결혼'이라는 법적 계약으로만 가질 수 있었던 권리와 의무들이 팍스법의 실시로 동성의 동거인들에게까지 부여되는 건 결국 전통적인 가족 체계를 해친다는 것이다. 반면 동성애자들은 팍스법으로는 부족하다면서 이성커플과 동일한 결혼권을 요구한다.

이런 배경으로 팍스법이 준비될 당시, 프랑스에선 찬반 논쟁이 들끓었다. 동거가 보편화되고는 있지만, 반대 측 의사가 강경해 동성 동거 커플의 법적 권리까지는 쉽게 받아들여지지 않았다. 이 법안이 통과되기까지 국회에서는 106시간이라는 전례 없이 지루한 논쟁이 이어졌다. 결국 법안은 1999년 10월에 통과되어 그해 11월부터 시행되기에 이르렀다. 그러는 동안 동성애자들뿐 아니라 정치, 문화계 등 사회 각계각층의 대담이 끊임없이 대중매체를 타고 흘러나왔다.

팍스법 파동은 동성애에 대해 평소 무관심했던 이들도 한번쯤 생각하게 만든 계기가 되었다. 그와 더불어 동성애를 인정하느냐 마느냐에서 그들의 권리에 관한 세부사항을 짚어보는 단계로 훌쩍 뛰어넘었고, 동성애자들에 대한 표현도 훨씬 완곡해지고 관용적으로 변해갔다.

1999년부터 2004년 후반기까지 팍스법으로 승인된 커플은 13만 1651건(프랑스 법무부 자료)에 이른다. 팍스법을 실시한 첫해엔 2만 2000여 건을 헤아리며 크게 호응을 얻었으나, 매년 승인 커플이 줄어들고 있다. 또 집계에 따르면 이성보다 동성커플이, 여자 동성커플보다는 남자 동성커플이 훨씬 많다. 한편 그 사이에 '팍스법 파기 커플'도 탄생해서, 2004년 후반기까지 총 1만 5641건이 있었다. 팍스법 파기는 아직까지 공식적인 호적상황은 아니지만 이혼하고는 또 다른 것이다.

독신들은 사별, 이혼, 별거까지 포함하여 현재 1380만여 명을 헤아리는데 1960년에 비해 4배나 증가한 것이다. 독신자들은 특히 대도시에 몰려있어 수도권에만 전체의 3분의 1이 살고 있다. 고학력 여자일수록 독신이 많고, 다양한 형태의 독신자 취미·문화가 생겨나고 있다. 도시·소비형 독신들은 상업주의의 좋은 표적이 되어서, 2002년부터는 파리에서 '독신 박람회'가 개최되는 등 독신의 생활방식이 급격히 상업화되고 있다.

독신뿐 아니라 팍스법 실시로 새롭게 부각된 동성커플을 겨냥한 상업도 성장하고 있다. 일반커플보다 10퍼센트 이상을 더 소비하는 동성커플 가정은 돈 잘 쓰는 계층으로 평판이 나있는 터라, 상업 마케팅의 좋은 표적이 된다.

프랑스에선 이성애자뿐 아니라 동성애자들을 겨냥한 향수광고가 이미 오래전부터 소개되었으며, 게이들을 겨냥한 핸드폰, 여행, 미용, 건강 등 다양한 상품들도 그들 구미에 맞춰 마케팅되고 있다. 그러다 팍스법 실행으로 팍스커플까지 그 대상을 확대하고 있다. 예를 들어 한 백화점은 결혼 물품 리스트를 본떠 '팍스 물품 리스트'를 개발해 판매

했고, 철도청(SNCF)은 팍스법에서 승인한 커플에게 결혼한 부부와 동일한 할인권을 부여해 고객 확보에 힘쓰고 있다. 2004년에는 게이 TV 채널도 생겼다.

결혼이 경제적인 안정을 대변하는 결합 형식이라면 동거는 커플의 감정적 자유라는 게 프랑스인들의 일반적인 정서이다. 그런 중에도 세 명 중 한 명 꼴로 결혼과 동거의 차이를 알 수 없다는 견해를 보이는데 특히 젊은 층에서 그렇다.

결혼이든 동거든 그냥 단순한 만남이든 호적상황이 어떻든 간에, 파트너를 찾는 「만남의 광고」엔 오늘도 자신의 반쪽을 만나길 갈구하는 광고들이 즐비하다.

- 가족을 만들고 싶은데, 여자 자리가 비었음. 당신도 목적이 같다면 시작해볼까요? 이후의 일은 성사되거나 안 되거나, 자연스럽게 진행되겠죠.
- 안녕! 키 159센티미터에 금발이며 두 아이의 엄만데, 1년 전부터 독신으로 살고 있어서 우정이나 그 이상의 깊은 관계를 나눌 사람을 찾고 있음. 더 알고 싶은 사항 있으면 연락 바람.

• 안녕! 유일무이한 관계를 나눌 만한 진정한 만남을 원함. 여행·연회·문화 등을 즐겁게 함께 나눌 수 있는 여성스럽고 독립적인 여성 구함. 33세, 파리 거주.

• 여성스럽고 섹시한 25세 여성. 1) 여성들끼리만 가능한 경험을 위해 2) 그리고 또 다른 것들을 위해, 25~45세의 여성을 찾고 있음. 관심 있으면 연락 바람.

권리를 호소하는 사랑

"동성 간의 결혼을 찬성하나? 반대하나? 찬성하는 이유는 무엇이며, 반대하는 이유는 무엇인가?"라는 질문은 한국의 상황을 고려하면 난데없을지도 모르겠다. 하지만 '동성애자의 결혼'은 2004년 미 대선에서 주요 공약 중 하나였으며 서유럽에서는 10여 년 전부터 정치, 사회적 쟁점이었다.

서구 문학이나 예술, 철학에서 동성애가 나타난 건 까마득하게 오래전이었으며, 20세기에 들어서는 예술인들이 자신의 동성애 성향을 곧잘 대중에게 노출했다. 오스카 와일드, 장 콕토, 앙드레 지드, 미셸 푸코 등은 우리에게도 익히 알려진 동성애자들이다. 이런 영향으로 동성애는 예외적으로 예술 분야에서만 나타나는 것으로 여겨져오다가, 20세기 말에 이르러 동성애자의 인권이나 법적 권한이 본격적으로 논의되었다.

1994년 유럽의회는 회원국들에게 '동성애자들에 대한 모든 차별 정책을 없앨 것'을 권장했고, 이미 몇몇 나라에선 동성애자의 결혼이나 그에 버금가는 법안이 마련돼 실시되고 있기도 했다. 이 과정에서 동성애자들이 로비를 하는 등 활약하기도 했는데 여하튼 나라마다 동성애자들 문제가 정치화되는 시기나 내용이 다르다.

프랑스에서는 팍스법에 따라 동성끼리의 동거만 허용한다. 하지만 결혼권도 나날이 부각되고 있는 사안이다. 프랑스에선 앞에서 언급했듯이 팍스법 실시 전후로 동성 간의 결혼 문제가 미디어에서 흘러넘쳤는데, 물론 이 쟁점이 하루아침에 갑자기 대두된 것은 아니었다. 동성애자의 인권 개선을 위해 앞장서는 여러 단체들이 스폰서들의 도움을 받아 동성애자와 이성애자가 함께 즐기는 거리축제를 주최하는 등 노력했기에 동성애자 문제가 사회적 이슈가 될 수 있었다. '레즈비언과 게이 프라이드(이후 게이 프라이드로 부른다)'라는 명칭으로 매년 6월 파리에서 열리는 이 행사는 비슷한 시기에 프랑스의 다른 대도시뿐만 아니라 서유럽 도처에서 개최된다. 그날은 동성애자들은 물론이고 이성애자들도 거리로 나와 무도회를 즐기고 행진하는데, 게이단체를 상징

1. 게이들의 시위. "성적 성향은 기본적인 자유다!"라는 구호가 플래카드에 적혀있다.
2. 게이 프라이드엔 재밌게 분장한 커플들이 많다.
3. 결혼권을 호소하면서 결혼하지 못하는 신부의 모습을 연출하고 있다.
4. "은퇴한 게이"라고 쓴 피켓을 들고 참여한 노장 게이 어르신네들.
5. 게이 프라이드에선 그 행사를 후원하는 스폰서들을 곳곳에서 볼 수 있다.

하는 무지개색 깃발이 천지에 펄럭인다. 이 행사는 해를 거듭할수록 성황을 이룬다.

간헐적으로 열리던 이 행사가 프랑스에서 본격적으로 추진된 것은 1981년부터다. 이제는 장년기로 접어든 셈인데, 이 세월 동안 동성애자들의 인권운동이 순탄하지만은 않았다. 대표적인 예로 1980년대 세계에 몰아친 에이즈 파동을 들 수 있다. 이 시기에 동성애자들이 에이즈를 전염시킨다는 흉흉한 소문이 나돌기도 했다. 이 때문인지 게이 프라이드 참가자 수는 겨우 만여 명 선에 머물렀고, 그들의 외침도 '동성애자 존재 인정', '차별대우 타파' 등 일종의 이미지 개선에 중점을 두었다.

게이 프라이드가 성황을 이루는 이유는 소외자의 인권 신장 취지 외에도 그 행사에 볼거리가 많아서다. 대형 스피커와 춤꾼들, 드래그퀸(여장남자)들을 태운 대형 트럭이 줄을 잇는 그곳은 디스코텍을 방불케 한다. 그래서 게이 프라이드에는 중고생을 비롯한 젊은이들이 손에 손을 잡고 몰려든다. 그런데 거기서 배포되는 유인물들과 트럭에 붙은 광고들을 자세히 보면 게이단체, 인권단체 외에도 프랑스에서 잘 나가는

기업들의 이름도 발견하게 되는데 그들이 바로 스폰서다. 인권운동에서 출발한 게이 프라이드는 상업성이 더해지더니 이제는 나날이 정치성도 짙어지고 있다. 특정 집단의 인권을 법적으로 인정하느냐 마느냐의 문제는 정치와 불가분의 관계를 가지기 때문이다.

2001년 파리 게이 프라이드에서 누구보다도 주목받은 인물은 동성애자인 파리시장 베르트랑 들라노에였다. 그해 봄에 시장으로 선출된 들라노에는 20여 년간의 게이 프라이드 역사에서 파리시장으로서는 처음으로 그 자리에 참석했다. 그래선지 그는 단지 동성애 정치인으로

콘돔 공익광고 게시판. 여름철이면 파리 거리 곳곳에 설치된다.
1. 거리의 콘돔 공익광고. "사랑엔 두 명이 필요하지만, 에이즈에 대항하려면 셋이 필요하다"라는 광고 카피가 쓰여있다.
2. "콘돔 한 통 주세요."라는 프랑스어를 다양한 언어로 번역해놓은 게시판도 흔히 볼 수 있다.
3. 파리의 관광지(뤽상부르 공원)를 소개한 게시판에 콘돔이 풍선처럼 그려져있다.

서 그 자리에 참석했던 이전보다 훨씬 많은 인터뷰 요청과 플래시 세례를 받았다. 들라노에는 팍스법 논쟁이 한창이던 1998년 TV를 통해 커밍아웃(동성애자들이 자신의 성 정체성을 공개적으로 드러내는 일)했고 2001년에 파리시장으로 선출되었으니 커밍아웃으로 성공한 정치인이다.

하지만 커밍아웃하는 정치인 모두가 그런 건 아니다. 정치인의 커밍아웃은 그 자체가 벌써 정치성을 띠므로 커밍아웃 방법이나 시기가 중요하다. 들라노에가 커밍아웃한 것은 그의 정치 여정이나 소속당의 정치색에 긍정적으로 작용했다. 반면, 프랑스 최고 우파당인 민중운동연합당(UMP) 소속 고문관인 장 뤽 로메로는 커밍아웃한 후 당내에서 아주 고역을 겪었다. 그의 커밍아웃 계획을 알고 있던 한 기자가 본인보다 앞서 인터넷의 한 게이 사이트에 그가 동성애자임을 노출시킨 것이다. 결국 이 사건으로 로메로는 자신의 성 정체성을 숨겨온 비겁한 정치인이라는 비난을 피할 수 없게 되었다. 당시 그의 커밍아웃은 소속당의 정치색에는 물론 시의성 측면에서도 아무런 도움이 되지 못한 관계로 로메로는 소속당으로부터 상당한 비판을 받았다.

동성애자와 정치, 권력의 관계는 게이 정치인들이 커밍아웃을 하느냐 안 하느냐와도 관계가 있다. 게이 프라이드에 참석한 들라노에의 양어깨에는 그 자신이 표명하는 '게이로서의 자부심'과 더불어 그가 소속된 사회당(PS)의 정치색이 얹혀있다. 그래서 권력자의 성적 성향은 개인의 영역을 떠나 정치적인 논쟁거리가 된다.

2003년 게이 프라이드를 앞두고 한 우익 정치인이 "성적 성향이야 개인의 자유지만, 파리시장이라는 신분으로 특정 시위대 선두에 서서 그 운동을 옹호하는 일은 또 다른 문제의 소지가 있다."라고 비판하기도 했다. 이런 과정에서 동성애자들의 권리 인정이 권력의 수단이 되고 있는 것도 눈여겨볼 만하다.

2004년 6월 프랑스 남서부 도시 베글에서 열린 동성 결혼식이 좋은 예다. 결혼식 당일 베글시청 앞은 평소답지 않게 왁자지껄했다. 곧 거행될 결혼식 때문인데, 더 정확하게는 신랑과 신부(?)가 동성이었기 때문이다. 모르긴 해도 그날 결혼식은 프랑스에서 행해진 결혼식 중에서 결혼을 반대하는 사람들이 가장 많이 모여든 예식이었을 것이다. 이 결혼식은 '공식적'으로는 프랑스에서 처음 이루어진 동성 결혼식이었지만, 실제로 프랑스에서 동성 간의 결혼은 '합법화'되어 있지 않다. 그럼에도 불구하고 왜 결혼식이 행해졌는지를 이해하기 위해선, 프랑스의 결혼권과 관련된 몇 가지 사전 지식이 필요하다.

프랑스에서 결혼은 대개 종교예식과 행정예식으로 이루어진다. 가톨릭이나 기타 다른 풍습에 기반하여 행해지는 종교예식은 선택인 데 반해 행정예식은 필수며 신부나 신랑의 거주지 시청(혹은 구청)에서 시장(혹은 그를 대행하는 인물)의 주례하에 거행된다. 따라서 프랑스에서 법적으로 결혼하려는 사람은 누구든 시청을 거쳐야 하며, 시청에서는 결혼 신청서를 비롯해 일차적으로 결혼 자격 여부를 심사한다.

프랑스 민법은 결혼 자격을 "18세가 되지 않은 남자와 15세가 되지 않은 여자는 결혼할 수 없다."(제144항)라고 명기하고 있으며, 이 조항은 프랑스 민법이 탄생하고부터 지금까지 200여 년간 이어져오고 있다(여자 결혼 연령을 18세로 하는 법이 2005년에 통과되었다). 그러면 이 법규로 동성 간 결혼은 어떻게 해석할까?

이와 관련해 "결혼 당사자의 나이만 명기하고 있을 뿐 성(性)에 대해선 따로 언급하지 않아 금지 자체가 어불성설이므로 18세 이상의 남자 둘 혹은 15세 이상의 여자 둘이 결혼하는 것은 위법이 아니다."라는 의견이 있다. 바로 결혼식을 주례한 시장 노엘 마메르(녹색당 소속)의 입장이었는데 그날 결혼 당사자들은 둘 다 30세가 넘은 (생물학적) 남성들이었다. 그런가 하면 반대쪽은 "동성 배우자에 대하여 법적으로 명기되어 있지 않으니 합법적이지 않다."라고 주장하는데 이것이 지금까지의 사회 통념이다.

동성 결혼 논란은 유럽의 다른 나라에서도 있었다. 참고로 영국 법에는 "결혼은 남자 한 명과 여자 한 명의 결합이며 그외는 무효이다."라고 기록되어 있으며, 1973년 남녀의 결합이 아닌 결혼을 불법화한 적이 있다.

이런 찬반 격돌은 예식이 치러지기 한참 전 정치판에서부터 시작되었다. 2004년 4월 프랑스 녹색당 의회에서는 동성애자들의 결혼권을 추진하는 안건이 절대적인 찬성으로 통과된 바 있다. 따라서 베글시 시장이자 지난 대선에서 녹색당 후보였던 마메르가 프랑스에서 처음으로 동성 간의 결혼식을 주도한 것이나, 그 결혼식이 유럽의회 의원 선거(2004년 6월 13일) 직전에 치러진 것은 결코 우연이 아닐 것이다. 현

집권당인 우파 민중운동연합당이 이 결혼식을 강경하게 반대하며, 결혼을 취소해달라는 소송과 함께 법을 위반한 시장 마메르도 소송한다는 입장을 밝힌 것도 이 논쟁과 관련된 각 당의 정치적 입장이 다르기 때문이다. 이 결혼은 결국 법적으로 무효 판결이 났지만, 또 한번 '동성 결혼'을 언론과 정치판에서 논하는 계기가 되었다.

그러면 프랑스에서는 어떤 논리로 동성 간의 결혼에 찬성하고 반대했을까? 2004년 여름, 프랑스에서 동성 결혼의 합법 여부에 대한 논란이 한창일 때 어느 TV 토론에서 벌인 찬반 논쟁을 간단히 요약해본다.

찬성 | "문제를 그런 식으로 보지 말고 이렇게 보도록 하라. 지금 거론되는 문제들은 이성애자들이 만들어놓은 사회에서 논해지고 있기 때문에 이성애자들은 잘못된 이해와 오해에 기반해서 동성애자들을 논하고 있다. 하지만 동성애자들은 사회를 위협하는 존재가 아니라 단지 인간이다. 사랑하는 사람과 가정을 이루고 싶어하는 감정을 가진 정상적인 인간이다.

평등은 이상적인 국가가 추구해야 하는 가치다. 동성애자 결혼권은 사

1. "2만 과부들이 화났다!"라고 적혀있는 플래카드를 든 동성애자들. 동성애자 결혼권은 1990년대부터 특히 부각되기 시작했다.
2. 아이를 안고 있는 동성애자 커플의 모습. 동성애자들은 결혼권을 넘어서 아이 입양권과 양육권도 요구하고 있다.

랑에 대한 법적인 권리를 가질 수 있게 해달라는 지극히 당연한 인간의 권리일 뿐이라는 걸 똑바로 보도록 하라. 모든 인간은 법 앞에서 평등하다. 이성애자들에게 결혼할 권리가 있으면 동성애자들에게도 결혼할 권리가 있어야 한다. 결혼권이 있다고 해서 모든 동성애자들이 결혼하지는 않을 것이다. 결혼할 권리가 있지만 모든 이성애자들이 결혼하지 않는 것과 마찬가지로. 하지만 결혼할 권리가 있는데도 안 하는 것과 결혼할 수 없는 것은 엄연히 다르다. 이게 바로 불평등이며, 인간차별이다."

반대 | "사랑하고 싶으면 하라. 사랑할 권리는 모든 인간이 가지고 있는 원초적인 권리니까. 거기에 대해선 전혀 반론의 여지가 없다. 대신 결혼은 안 된다는 것이다. 결혼은 자녀 문제로 이어진다. 생물학적으로 장애가 있는 이들이 아이를 가지려면 입양해야 하므로 바로 사회의 미래가 위협을 받는다. 사회와 국가란 가족에 기반하고 있다. 가족이란 무엇보다도 2세의 출산과 양육을 담당하는 곳인데, 동성애자들은 인공수정은 가능할지 모르나 생물학적으로 2세를 가질 수가 없다. 이게 바로 동성애자 결혼이 사회의 미래를 저해하는 이유다. 2세가 탄생하지 않는 사회에

어떻게 미래가 있을 수 있는가? 그걸 정상이라 부르건 말건 당신 맘대로 하라. 난 당신들의 사랑을 제어하는 게 아니다. 그건 내 문제도 아니고 더욱이 내겐 그럴 자격도 없다. 여기서 우리가 논하는 건 당신들의 사랑이 아니라, 법과 사회의 문제다. 동성애자들이 결혼할 수 있도록 허락하는 법은 단순히 그들의 사랑과 연관되는 것이 아니라, 사회의 체계를 흔들어놓는다는 데 주목하자는 것이다."

동성애자 권리와 연관된 프랑스인들의 정치, 사회 의식을 나름대로 잘 보여주는 내용이다. 동성애자 결혼을 찬성하건 반대하건 간에 동성애자 논쟁을 터부시하지 말고 토론의 장으로 끄집어내야 한다는 데는 대다수가 뜻을 함께한다. 사회 구성원들이 직접적으로 결부된 사회적 쟁점인 만큼 함께 생각하고 얘기하는 과정이 필요하다는 입장이다.

파리의 게이 프라이드는 소외 계층의 외로운 시위에서 출발하여 구경거리로 인기를 모으더니 나날이 사회, 정치운동의 성격을 띠고 있다. "동성애자든 이성애자든 상관없이 차별주의에 반대하는 모두들 모여라."라고 적힌 플래카드와 무지개색 깃발처럼, 게이 프라이드를 찾는 이들은 그들의 의도가 유흥이든 정치든 경제든 인권이든 간에 함께 모여 디스코와 테크노 음악에 맞춰 흥겹게 즐긴다. 게이 프라이드가 파리의 여름을 여는 대축제라는 건 틀림없는 사실이다.

3 인권, 그 영원한 메아리

나의 마음도 '복원'할 수 있다는 희망을 가지게 돼요. "여기서 가구들을 복원하면서 생활의 고통이 복원작업으로 '희망'이 된다는, '소외된 인간의 사회 복원' 아주 적절하게 비유된 아름다운 표현이었다. 그것이 사회복지가 궁극적으로 실현해야 할 과제일 것이다.

인권, 그 영원한 메아리

"인간은 자유롭게 태어났으므로 권리 앞에서 평등하다.
사회적인 구별은 공공의 필요에 의해서만 성립될 뿐이다."

1789년 프랑스혁명 때 발표된 인권선언문 첫 항이다. 시민들이 주축이 된 국가가 추구할 인간관을 표현하고 있다. 인간의 권리를 공포한 것은 대단한 의지였지만, 다소 추상적이어서 이후 시대와 사회의 변화에 따라 인권은 끊임없이 구체화되어야 하는 과제를 안았다.

인권은 두 차례의 대전을 겪고 난 뒤인 1948년 유엔의 인권선언문으로 더 구체화되었으며, 프랑스뿐 아니라 지구의 모든 나라들이 지향하며 실현해야 하는 보편적인 가치이자 과업이 되었다. 어느 시기에 완결할 수 있는 가치가 아니라, 어느 나라든 그 사회상을 고려하면서 실현하기 위해 계속 노력해야 한다는 표현이 정확할 것이다. 사회의 구석 구석, 개개인을 고려하면 결코 끝이 없는 과제이다.

'이 시대에 인간의 자리는 어떤 식으로 마련해야 하는가?'라는 고민을 동반하는 '인권', 이 장에선 프랑스적인 '인권'에 관한 고민들을 몇 가지 소개한다. 더 넓은 의미의 인간을 염두에 두면서….

인간은 남자만을 뜻하지 않는다. : 남자, 여자, 어린이.

유일하면서도 삼중적인 이 창조물은

인간적 조화의 진정한 화합체를 형성한다.

모든 사회구조는 거기로부터 유래해야 한다.

이 삼중적 형태로 인간 권리를 보장하는 것,

그것이 바로 우리가 법이라고 부르는

아래로부터의 복지를 이루는 목표다.

_ 빅토르 위고

생존을 보장하며 키우는 열정

내가 좋아하는 라디오 채널인 프랑스 국제라디오에 「내가 커서」라는 프로가 있다. 이 방송은 진행자와 초대 손님이 대화하면서 진행되는데, 초대 손님들은 다양한 분야에서 남다른 열정으로 자신의 일에 빠져있는 사람들이다.

'난 어릴 때 이러면서 자랐다.'라는 추억담과 '내가 하는 일을 너무나 좋아한다.'라는 열정이 짙은 땀내처럼 스며있는 대화에 귀기울이고 있노라면, '만일 저 사람이 저 일을 하지 않았다면 어쩔 뻔했는가?'라는 생각까지 든다. 그래서 제목이 「내가 커서」인 듯싶다.

어릴 때부터 줄곧 듣는 "넌 커서 뭐가 될 거야?"라는 질문은 머리가 크면서는 '나는 커서…?'라는 자문이 된다. 그러다 두 말에서 비롯된 기대치와 압박감이 머릴 어지럽히기도 한다. 어떤 이는 '내가 커서'를 마치 오래된 향수처럼 간직하고 있을 것이다.

그러다 결국 내가 커버렸을까? 아니면 그들(?)이 바라는 내가 커버렸을까? 이건 내가 내 일에 쏟는 열정의 정체와 연관이 있다. 내 안에서 오랫동안 가꾸고 키워서 맺는 열정의 열매와 나의 열정을 덮어두고 남의 열정을 내 것인 양 하면서 만들어낸 것은 향기부터 다르지 않을까.

하고 싶은 것을 고집스럽게 해나가는 사람들의 얘기에선 그윽한 향내가 난다. 각자의 향기와 열정이 섞여서 만들어낸 결실들이 제자리를 지키고 있는 세상. 그런 세상에서 자신의 고유한 향기를 더하며 내가 크고, 네가 크고, 우리가 클 수 있다면, 얼마나 살맛나는 세상이 될까.

진정 내 열정으로 '내가 크려면' 고집만으로 충분할까? 내가 나의 열정을 발견하고 간직하며 생활하면서도 너무 외롭지 않기 위해서는 사회와 국가가 분위기와 제도들을 만들어 북돋아줘야 한다. 즉 각자의 열정을 키울 수 있는 토양이 어느 정도 마련되어야 할 것이다.

그런데 직업이 예술가라면? 파리의 예술가라면? 게다가 일정한 벌이가 없는 비정규직이라면? '파리의 예술가'라는 표현에서 잽싸게 상상력을 발동시켜 빈센트 반 고흐를 떠올리는 독자들이 있을지 모르겠다. 네덜란드인이지만 프랑스에서 작품활동을 하다 작고한 고흐는, 별이 빛나는 하늘을 그린 프랑스 남부 도시 아를로 떠나기 직전까지 파리에 머물렀다. 고흐가 파리에서 그린 그림들을 보면 우중충한 날씨에 몽마르트르 언덕배기 어디쯤에서 가난에 떨며 그림을 그리고 있는 듯한 고흐의 모습이 느껴진다. 지금도 몽마르트르 언덕 근처엔 난방도 되지 않는 낡은 집들이 흔한데, 그때라면….

"인물화나 풍경화에서 내가 표현하고 싶은 것은 감상적이고 우울한 것이 아니라 뿌리 깊은 고뇌야. 내 그림을 본 사람들이, 이 화가는 깊이 고뇌한다고, 정말 격렬하게 고뇌한다고 말할 정도의 경지에 이르고 싶어."
_ 고흐의 편지 중에서

　　　인물과 풍경을 통해 '뿌리 깊은 고뇌'를 표현하려고 격렬하게 고뇌하며 붓질하던 고흐 머리가 아니라 가슴으로 색을 더듬는 그의 눈빛과, 화폭 위에서 멈추지 않던 그의 손놀림도 떠올려보자. 고흐의 가난과 고뇌가 문득 다가와 찡한 뭔가를 일으키는 듯하다.
　　인상파 화가 고흐를 떠올리면 일정한 일이 없는 예술인들의 가난한 생활을 문자 그대로 '인상적으로' 엿보기에 충분하다. 몽마르트르 언덕 위의 고흐로 시작했으니, 언덕 바로 아래 물랭루주로 가보자.

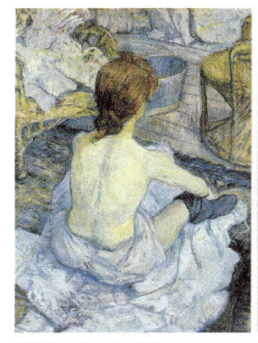 

툴루즈 로트레크 「화장하는 여인」, 「두 친구」.
어쩌면 저들은 오늘 일을 마치고 내일을 걱정해야 하는 비정규직 무용수였는지도 모른다.

캉캉춤의 전당 물랭루주의 화가 툴루즈 로트레크. 잠깐! 여기선 캉캉춤을 관람하는 관객이나 로트레크가 아니라 그의 그림들 속의 무용수들을 눈여겨보라. 무대 뒤에 앉아 한숨 돌리는 무용수들의 표정에서 근심 한 줌이 묻어난다면, 어쩌면 그녀는 오늘 일을 마치고 내일을 걱정해야 하는 비정규직 무용수인지도 모른다.

고흐가 생존 당시 인정을 받았다면 그의 그림들이 지금처럼 비싸게 팔리지 않았을지 모르지만, 사후의 명성을 위해 현재의 가난을 자청하는 예술가는 극히 드물 것이다. 유명한 예술가들이 많다는 이유만으로 파리에서 작업한다는 게 위안이 되었다는 것은 검증할 방법이 없다. 그

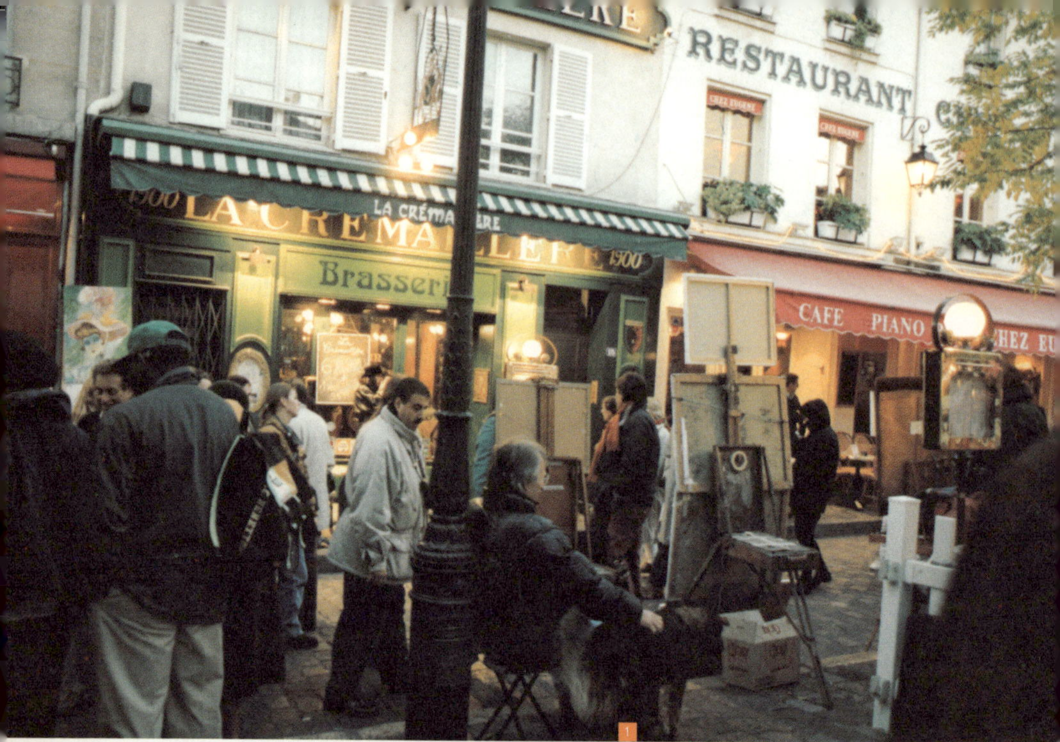

1

2

3

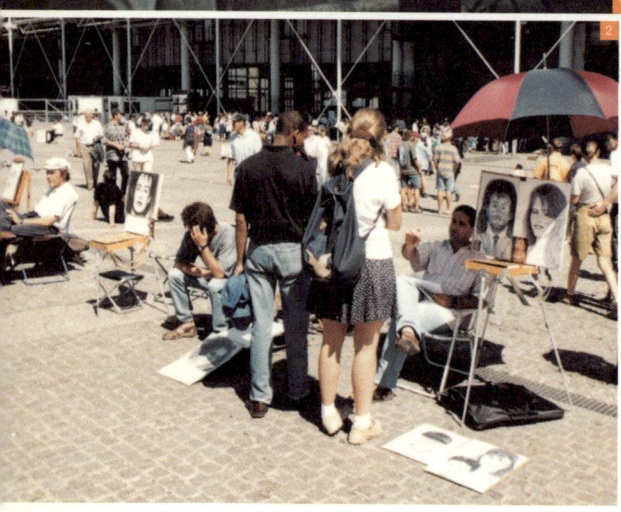

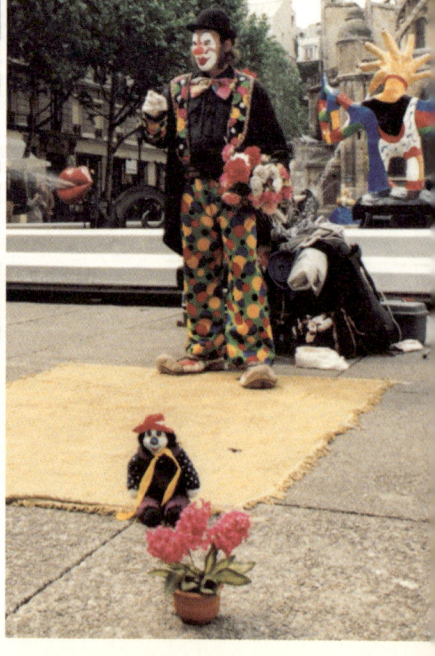

어디든 바가지 요금은 있다. 행여 초상화를 그리고 싶으면 반드시 가격 흥정을 할 것. 가격을 너무 비싸게 부르면 강력히 따져야 한다. 따질 때는 영어나 프랑스어가 안 된다고 절대 기죽지 말 것!

1. 몽마르트르 언덕의 화가들.
2. 퐁피두 센터 앞에 자리를 편 화가들.
3. 거리의 예술가.

런데도 파리의 명성으로 인해 수많은 예술가들이 이 도시를 거쳐갔고, 그 예술가들의 이름으로 다시 파리는 명성을 더했다.

'자유, 평등, 박애'라는 이념은 두 차례의 대전 이후 재건 과정에서 프랑스에 다시 싹트기 시작한다. 민중을 위하는 사민주의(사회 민주주의)가 발달하고, 여성들이 선거권을 얻고, 정치판에서도 자유와 평등, 복지가 주요 의제로 오른다. 인권, 민생보호에 관한 다양하고 구체적인 법들도 하나 둘씩 보태지고, 노동 조건이 향상되고 노동 권리가 세분화되며, 복지 사회를 위한 법안들이 통과된다.

이런 정치, 사회적 물결에 영향받아 예술과 문화의 나라라는 명성에 걸맞게 다양한 예술, 문화 보호 정책들도 생겨났다. 그중에서 비정규직 연극인에 대한 처우는 특기할 만하다. 여기서 연극인이란 연극에 연관된 각종 예술업을 하는 사람들까지 넓게 일컫는데, 예술직은 물론이고 기술직까지 포함해 총 200여 가지의 직종을 포괄한다. 내용인즉 12개월 동안 합법적인 계약하에 507시간을 일한 전적이 있으면, 일이 없어서 쉬는 경우 1년간 실업수당, 퇴직연금, 보험 등 복지 혜택을 받을 수 있다는 내용이다(2002년까지의 내용). '시간'을 단위로 하는 것은 일반직과는 달리 작업시간이 불규칙한 예술직의 특성을 감안했기 때문이다. 실업수당 자체가 활성화되지 않은 한국에선 다소 까다로운 이해를 요하는 부분이니 영화를 예로 들어 한번 살펴보자. 어디 적당한 인물이 없을까? 있다! 프랑스 영화 「타인의 취향」(1999년) 여주인공 클라라가 바로 비정규직 연극인쯤 되겠다.

극중에서 독신인 클라라는 밤에는 연극배우로 일하고, 낮에는 기회 닿는 대로 영어 개인교습을 하면서 생활한다. 클라라는 그런 생활을 오랫동안 해온 듯, 두 직업을 병행하면서 생기는 괴리에 능숙하게 대처한다. 사업을 위해 영어를 배우는 기업가 카스텔라는 자기와는 너무나 동떨어진 생활을 하는 클라라에게 호감을 느끼지만, 예술의 '예' 자도 모르는 카스텔라에게 영어를 가르치는 클라라의 심기는 줄곧 편치 않다.

몰리에르의 언어인 불어로 무대에 서는 예술가가 생활고를 극복하기 위해 낮 동안 어느 기업가에게 '비지니스 언어'를 가르친다는 설정은 극적이기도 하지만, 넉넉하지 않은 예술가의 생활을 단적으로 보여준다. 하지만 그렇게라도 클라라가 공연 철 동안 합법적인 계약으로 507시간 이상 무대에 서면, 공연이 끝나 일이 없어도 실업수당과 보험 혜택을 받을 수 있는 것이다. 만일 클라라가 임신이라도 한다면, 임신 기간은 하루 5시간의 노동으로 환산되므로 더 빨리 혜택을 받게 된다.

이런 가운데도 507시간을 채우지 못해 이 혜택조차 못 받는 예술인들이 수두룩하다. 하지만 다른 자유직이나 비정규직에 비하면 일종의 특혜이므로 이 제도 덕분에 적지 않은 예술인들이 자신의 직업을 지켜 왔다. 2000년의 경우 11만 4000여 명의 비정규직 예술가들이 실업수당 혜택자로 등록되었고 그들에게 지불된 돈이 9600만 유로인데, 이 수치는 매년 증가하는 추세다.

휘리릭~. 삶은 그리 호락호락하지 않아서 클라라 같은 예술가들의 생활에 비바람이 몰아친다. 바로 기업주협회(MEDEF)가 불만을 토로한 것이다. 비정규직 예술가들에게 지급되는 비용이 너무 부담스럽다는 내용이다. 기업주협회는 오래전부터 이 특혜를 줄여야겠다고 작정해온 터였는데, 2002년에 우익 정부가 들어서자 "이 제도를 남용하는 예술인들이 많다."라는 점을 부각시키며 우익 정부와 함께 본격적인 감축 작업에 들어갔다. 그 내용은 국고 지출을 줄이기 위해 12개월이 아닌 10~11개월 동안 507시간 이상 일한 자에게만 1년이 아닌 8개월

1. 예술의 도시 파리에서는 어디에서든 예술가들을 흔히 접할 수 있다.
2. 1982년부터 매년 6월 21일 열리는 '음악의 축제' 장면. 이날은 장르를 막론하고 음악을 사랑하는 사람이라면 누구나 거리에 나와 곳곳에서 공연을 펼친다. 공짜로 음악을 실컷 감상할 수 있어 좋은 날이다.

동안 실업수당을 지불한다는 것이었다. 즉 "좀 더 일하고, 좀 덜 혜택을 받아라!"였다.

여기서 "그 정도면 괜찮네."라고 말할 독자도 있을 것이다(그런 독자는 이 글을 처음부터 다시 읽어주기를…). 우리가 지금 논하는 상황은 한국이 아니라 프랑스며, 고흐 시대가 아니라 「타인의 취향」 시대다. 게다가 '저금해놓은 것도 있으니 난 그 정도 양보할 수 있다.'라는 식의 개인 문제가 아니라 그 직종에 몸담은 직업인 전체의 미래를 좌우하는 연대적인 문제인 것이다.

이 개혁안은 이내 해당 예술인들의 극심한 분노를 샀으며, 비정규직 예술가들의 '노조 연대' 시위와 파업으로 이어졌다. "예술을 사랑하는 이들의 '배부를 권리'도 아닌, '기본 생존권'을 강탈하지 마라."라며 그들은 절규했다. 새 법으로 이미 혜택자의 절반이 피해를 보게 되었는데, 그나마도 혜택을 차츰 줄여가다가 급기야 없애버릴 것이라고 예술인들은 우려했다.

결국 이 일로 2003년 아비뇽국제연극제가 취소되는 사태까지 빚어졌다. 아비뇽축제는 비정규직 연극인들이 대거로 참가하는 예술제다.

예술가들은 축제를 보이콧한 대신 손에 손을 잡고 누드 시위를 벌였다. '누드 행렬'은 가진 게 없지만 예술을 사랑하는 그들의 열정을 상징한다. 이 개혁안은 단지 실업수당이 줄어드는 문제가 아니라 예술인들의 지위, 권리 문제와 직결되기 때문이다. 그 뒤에도 예술인들의 분노는 계속되었다. 결국 정부 측은 국고를 풀어서 애초의 개혁을 약간 완화하는 쪽으로 일단은 타협을 보았다.

예술이란 예술을 하는 사람만이 맛보는 것이 아니라 그것을 접하는 이들에게도 즐거움을 제공한다는 점 때문에 이 사건에는 예술인들뿐 아니라 예술을 사랑하는 이들까지 연대하여 유감을 표했다. 긴축재정이 필요한 때라 하더라도 예술을, 그것도 가난한 계층인 비정규직 예술인들을 우선적으로 겨냥하는 건 비인간적인 정책이라는 의견이었다.

고흐가 이 시대에 살았다면, 무대 장식 일자리라도 얻기 위해 직업소개소를 드나들었을까? 하지만 그래서라도 실업수당과 보험 혜택과 퇴직연금을 받을 수 있었다면 37세로 요절하진 않았을지도 모른다는 생각을 해본다. 마찬가지로 더 많은 사람들이 기본 생활권을 보장받는다면 자신의 열정을 키우고 고집스레 지켜나갈 수 있지 않을까.

역사와 기억

프랑스의 대문호 알베르 카뮈는 1913년 알제리에서 태어나서 자랐다. 그래서 그의 작품 속엔 알제리 지중해 해변이 간간이 묘사되어있다. 카뮈처럼 프랑스 식민지 시절 알제리에서 태어난 프랑스인들을 '피에 누 아르'라 부른다. 알제리 전쟁 발발 직전 알제리의 프랑스인들은 약 100만 명 정도를 헤아렸다.

프랑스 입장에서 볼 때 알제리가 여느 식민지와 구별되는 점이 있다면, 알제리를 프랑스 영토로 귀속시키려는 정책을 펼쳤다는 점이다. 그래서 알제리에 본국의 프랑스인뿐 아니라 타 유럽인들이나 유대인, 타국인 등의 이민을 적극적으로 받아들여 프랑스 국적을 주는 정책을 폈다. 또 알제리를 세 개의 행정구역으로 나누어 프랑스 내무부 관리하에 두었다.

1830년 알제리가 프랑스에 점령되었다가 1962년 독립하기까지 그 복잡한 사건들 속에서 인간의 상황을 정확히 짐작하기란 어렵다. 그건 부조리한 인간에 남다른 관심을 가지며 휴머니즘을 주창한 대가 카뮈에게도 마찬가지로 보인다.

"난 늘 공포정치를 비난해왔다. 그러니 당연히 테러리즘도 비난해야 한다. 예를 들어 알제리 거리에서 눈먼 듯이 저질러지는 테러는, 어느 날 내 어머니와 내 가족에게 닥칠지도 모른다. 나는 정의를 믿지만, 법정에서 내 어머니를 방어할 것이다."

알제리 전쟁이 진행 중일 때 카뮈의 발언이다. 그가 말한 '테러'가 독립을 갈구한 알제리인들에겐 '저항'이고 '반항'일 수 있음을 간주하면, 피에 누아르 출신 인텔리가 알제리를 보는 관점은 '점령된 알제리'가 아니라 '프랑스의 알제리'였음을 읽을 수 있다. '프랑스의 알제리'와 '점령된 알제리'에 대한 무의식적인 인식 차이를 잘 드러내는 또 다른 구절이 있다.

"당신은 자유롭죠. 당신 자신이 될 준비가 되어있어요. 그런데 당신이 원하지도 않았는데 프랑스어를 배우는 이 힘든 과정을 거쳐야 해요. 당신은 프랑스어로 공부하는데, 그때도 당신은 알제리인이죠. 그런데도 당신은 알제리인이 되는 게 도대체 무엇인지 모릅니다. 알고 있는 건 단지 프랑스어로 공부하기 위해 교실로 간다는 것, 당신 또래 프랑스의 모든 아이들처럼…."

알제리 출신 문호 모하메드 디브의 글이다. 그는 2003년 83세로 작고하기까지 수많은 저서로 프랑스 문학계에 그 나름의 자취를 남긴 인물이다. 알제리 출신이지만 프랑스어로 창작한 만큼, 그의 이름 뒤에는 '프랑스어권 작가'라는 별칭이 붙는다. 프랑스의 알제리 시절에 태어나 자란 그는 자신에게 프랑스어는 '모국어'가 아니라 '입양되고 이식된 언어'라고 여러 차례 얘기했는데, 프랑스어로 창작할 수밖에 없었던 자신의 처지를 작품 속에 반영하기도 했다. 엄밀히 말해, 카뮈가 '프랑스의 알제리'에서 프랑스인이었다면, 디브는 '점령된 알제리'에서 알제리 출신 프랑스인이었다.

132년…. 알제리가 프랑스에게 지배당한 이 기간을 객관적으로 파악하기란 어렵다. 학계에서 계속 연구하고는 있지만, 당장 프랑스 교육계에서는 이 시기를 설명하는 데 아주 미묘한 어려움을 겪고 있다. '테러'와 '독립' 등 같은 현상을 두고도 알제리와 프랑스 진영에서는 아주 다르게 해석하기 때문이다. 알제리 전쟁 당시 프랑스군이 행한 '고문'들이 전쟁에 참가했던 사병들의 고백으로 간간이 언론을 타고 나와 이 문제는 지금껏 좀체 종결을 짓지 못하고 있다.

또한 알제리 전쟁 당시 프랑스 편에 가담하여, 알제리 해방군들에 맞서 싸운 알제리인들에 대한 처우 문제도 여전히 논란이 되고 있다. 일명 '하르키(프랑스어로는 아르키)'라 불리는 이들을 두 나라 역사가 어떻게 판결해야 하느냐는 것이다. 2004년 프랑스 국회는 하르키의 '프랑스를 향한 노고'를 인정하며 치하하는 법안을 통과시킨 바 있다. 이런 결과가 나오기까지 하르키들은 반세기를 기다려야 했다. 이 하르키들은 알제리 측에서 보면 배반자라서 지금까지도 공식적으로 모국을 방문할 수 없는 형편이다.

알제리는 이런저런 비극들을 겪으면서 1962년 독립을 맞지만, 전쟁의 종말은 평화조약으로 달성될 수 있는 반면 인간의 기억은 어떤 결단으로 하루아침에 쉽사리 지워질 수는 없으리라. 그래서 그들의 얘기는 21세기를 맞이한 오늘까지도 면면히 이어져오고 있다.

파리에선 알제리인들을 쉽게 만날 수 있다. 프랑스 역사의 또 다른 뿌리인 그들의 얘기들. 그들 중에는 아버지 대에 이민온 이가 있는가 하면, 엊그제 지중해를 넘어온 젊은이들도 있다. 각자 애틋한 사연을 가슴에 안고 알제리를 떠나 파리에서 살아가는 사람들. 그들의 얘기를 듣노라면 간추려지고 정리된 역사 위로 그들만의 색채로 덧칠해놓은, 세상에 단 하나뿐인 그림들이 떠오른다. 아픈 과거를 기억하고 더 나은 미래를 갈구하는 그들의 얘기가 아련한 메아리로 되돌아온다.

"카빌(알제리의 카빌리 지방 사람)이에요. 올해 퇴직하면 귀국할 예정이죠. 안 그래도 지중해 부근에 현대식 별장도 완공해놨어요. 10만 유로나 든 호화 주택이죠."

택시 기사가 그런 말을 하게 한 건 고의였다. 외국인 억양이 거의 묻어나지 않는 그의 완벽한 프랑스어 구사나 겉모습으로 봐선 쉽사리 드러나지 않았지만, 그의 표정 어딘가에서 아주 여린 광선처럼 지중해 빛깔(?)을 읽어낸 건 우연이었다.

"알제리에선 더 나아지고 있다는 표현은 불가능해요. 그렇다고 현상유지도 아니고, 더 악화되고 있으니까요. 그 책임은 물론 알제리인들에게 있지만요. 특히 나라를 장악한, 사리에 눈이 먼 군권에요." 군권이라는 말에 한때 프랑스에서 문제작이었던 『더러운 전쟁』(알제리를 장악하고 있는 군권의 비리를 폭로한 책)으로 자연스럽게 화제를 돌렸다.

"거기에 적힌 내용들이 전적으로 사실이라고 할 수 없는 이유는 간단해요. 저자 자신이 군인이기 때문이죠. 그 더러운 빵을 먹으며, 한때 가해자 역할을 했던 사람이 가해자들을 객관적으로 파악하기란 불가능하죠. 내가 그였다면 차라리 침묵을 택했을 거예요."

그 책에 관해 그동안 내가 들어온 비평 중 가장 혹독한 평이었다. 오래전 고향을 떠나와 외국에서 살아가는 이의 고국을 바라보는 객관적인 시각이랄까. 하지만 고국을 객관적으로 바라본다는 것 자체가 가능한 일일까? 그러면 왜 그는 날로 악화되는, 부패한 군권이 있는 고국으로 돌아가려는 걸까?

"내 모국이기 때문이죠. 태어난 곳에서 묻히려는 인간 본연의 본능

이기도 하고요. 게다가 있는 자에게는 너그러운 곳이 부패한 나라의 특징 아니겠어요? 하하(그는 씁쓸하게 웃었다). 하긴 실상은 여기서 떠드는 만큼 위험하지도 않아요."

택시 안에서 짧게 나눈 대화여서 우리는 서로 통성명을 하지는 않았다. 단지 그가 말한 내용을 짜깁기해보면, 그는 작가 디브처럼 알제리 전쟁 중인 1959년에 프랑스 국적의 알제리 청년으로 프랑스에 와서 정착했고 지금은 소규모 택시회사를 운영하는 안정된 여건에 있다는 것. 은퇴하기 전 모국인 알제리에 자주 드나들며 안락한 노후를 준비해놓은 그는 프랑스에서 살아가는 수많은 알제리인들 중 물질적으로나 정신적으로 퍽 자유로운 축에 드는 셈이다.

그런데 또 다른 알제리인 모하메드 씨는 그와 같은 세대면서도 다른 사연을 갖고 있었다. 모하메드 씨는 60대로 알제리의 서쪽 소도시에서 나고 자란 아랍계 알제리인이다. 프랑스 식민 시절에 태어난 그가 프랑스에 첫발을 내디딘 건 1959년으로, 샤를 드골 장군이 알제리 해방군 제압 중재책으로 알제리인들의 권리를 인정한다는 성명을 발표하기 직전이었다. 당시 프랑스인으로서 의무였던 군복무를 위해 그는

파리의 아랍 시장. 프랑스에는 북아프리카 출신 이민자들이 많다.

초병 때와 말년병일 때 각각 두 차례 프랑스에 머물렀다.

"당시 20세 전후의 프랑스인이면 2년이 조금 넘는 군복무를 당연히 마쳐야 했죠. 본국의 프랑스인들이나 식민지 프랑스인들이나 모두요."

그는 군생활 동안 식민지인으로서 특별히 차별대우를 받은 적은 없다고 회상했다. 그래서일까. 복무 기간을 마치고 1961년 말 그는 프랑스로 다시 입국했다. 그러다 곧 모국의 독립 소식을 접하고 귀국길을 택했다. 당시 프랑스 거주 알제리인들 중 일부는 귀국을 포기한 채 계속 프랑스에 남았는가 하면, 또 많은 이들은 모하메드 씨 같은 길을 택했다. 짐작건대 가족이 프랑스에 있느냐 고국에 있느냐의 차이가 아닐까 싶다.

"알제리인으로서 당연한 선택이었죠. 부모 형제가 있는 고향으로 돌아가 독립된 모국에서 새 생활을 한다는 희망으로 많은 이들이 저처럼 귀국했어요."

귀국한 모하메드 씨는 프랑스인에서 알제리인으로 국적을 바꾸었고, 부모님 권유로 곧 결혼했다. 가장이 된 그는 가족을 부양하기 위해 1964년 다시 프랑스로 향했다. 독립은 했지만 모국의 상황은 정치, 경제적으로 나아진 게 없었다. 프랑스에서 일한 경험이 있는 그에게는 프랑스에선 모국보다 훨씬 많은 돈을 벌 수 있다는 확신이 있었다. 하지만 이번엔 프랑스인이 아닌, 알제리인으로서 프랑스 국경을 넘어야 했다.

"국경 검문이, 자유롭게 국경을 넘나들던 식민지 시절과는 달라져 있었죠. 많은 이들이 검문을 통과하지 못하고 다시 알제리로 돌아가는 광경을 보다가 결국 제 차례가 됐어요. 이미 프랑스로 떠나기로 작정하고 나선 길이라 거기서 고국으로 되돌아가고 싶지는 않았죠. 먼저 알제리 시민권을 내밀었는데 경관이 탐탁지 않아 하길래 챙겨온 프랑스 군복무 증명서와 복무 당시 취득한 운전면허증까지 내밀었더니 상관을 불러 수군대다가 통과시켜주더군요."

모하메드 씨는 1964년부터 파리에서 생활했는데 그동안 가끔씩 고국의 가족을 방문했고 그들에게 줄곧 송금해왔다. 30년 전 파리에서 만난 여인과 동거하고 있는데, 자신의 처지를 잘 이해하는 이혼녀로 이국생활의 희로애락을 함께해온 동반자라고 말했다.

"고향의 가족을 버리고 새장가를 들 수는 없었죠. 프랑스는 일부다

처제를 법적으로 금지하고 있어서 결혼을 두 번 할 수도 없는 일이고요. 하지만 제게는 둘 다 엄숙한 의미의 가족이랍니다."

그는 정년퇴직을 앞두고 있지만 한곳에 정착할 것이라는 다짐 따윈 하지 않았다. 이제껏 하지 않던 다짐을 새삼 하고 싶은 생각도 없다. 그건 가족을 선택하는 문제이기에 앞서, 그 자체로서 자신의 삶이기 때문인지도 모른다. 그의 친구들과 모여서 늘 하는 말처럼, "프랑스 또한 알제리처럼 훌훌 털고 떠날 수 없는 그들의 또 다른 고향"이기 때문일 것이다.

축제하듯 함께 나누고

"… 그런데 산타할아버지에겐 고민이 생겼습니다. 어린이들에게 나눠 줄 선물을 모두 마련할 수가 없었습니다.… 녹색 산타할아버지는 산타를 도와서 더 많은 어린이들이 선물을 받을 수 있도록….”

프랑스의 노엘(크리스마스)에 출현하는 녹색 산타 얘기다. 녹색 산타는 한 자선단체에서 1976년에 구상해낸 건데 형편이 어려워서 대축제인 크리스마스를 즐길 수 없는 가족들에게 선물과 즐거움을 선사한다. 빨간옷의 산타가 일반인의 산타라면, 희망의 색 '초록색'의 산타는 사회 소외 계층의 산타인 셈이다. 매년 크리스마스에 7000여 가족들에게 기쁨을 주는 녹색 산타의 활동은 12월에 들려오는 따뜻한 미담이다.

소위 '복지국가'를 추구했던 서유럽국가들은 다양한 제도로 국민들의 복지 향상을 위해 노력해왔다. 복지 정책은 크게 근로자와 기업이 월급에서 일정액을 갹출해서 실시하는 독일식과, 국가가 세금에서 실시하는 영국식으로 크게 이분된다. 프랑스는 이 두 가지를 복합적으로 활용하는데, 근로자와 기업주가 갹출한 금액을 국가 통제하에 특정 기관이 관리하여 실시한다. 복지 혜택은 애초엔 근로자에게만 주다가 점차적으로 사회 구성원 전체로 일반화되었고 소외 계층에까지 제공되었다. 복지비도 갹출금에 세금까지 더해졌다.

이런 과정에서 실시된 특기할 만한 복지 정책으로 유급휴가(1936년 2주, 1982년 5주), 사회보험제(1945년), 최저생활보호(1988년), 모두를 위한 의료 혜택(1999년) 등을 들 수 있다. 실업인구의 증가, 인구 고령화, 국가재정 적자, 경제 침체 등으로 복지국가 위기가 들먹여지면서 최근엔 복지 정책비 감축이 거론되고 있지만, 아이러니하게도 바로 이 이유 때문에 소외 계층이 나날이 늘어 국가의 보조가 전에 없이 절실해졌다.

프랑스에는 최저생활보조금(2005년 1월 기준 425유로)이 있는데 이

프랑스 자선단체에서 창조한 녹색 산타는 매년 크리스마스에 소외 계층을 찾아가 기쁨을 준다.
* 출처: http://perso.wanadoo.fr/spf/lbm/images/pnv200321.jpg

것은 수입이 없거나 지극히 적어서 어렵게 생활하는 사람들을 돕는다는 취지로 1988년에 생겼다. 이 보조금은 가족상황에 따라 금액이 다른데, 녹색 산타는 대부분 이런 최저생활보조금을 받는 가정에 방문한다. 국가는 이런 대상자들에게 보조금을 지불하는 외에도, 보조교육단체들을 후원해서 최저생활보조금 대상자들이 일정한 기간 동안 기술보조교육을 받아 직업을 구할 수 있도록 돕고 있다. 최저생활보조금 외에도 프랑스에는 소외된 계층들의 특수상황을 감안한 다양한 국가보조금들이 있다.

이런 보조·지원 활동에 단골로 갖다 붙이는 단어가 '(상호적)연대(solidarité 솔리다리테)'다. 사회의 연대감을 논할 때 빠질 수 없는 인물이 프랑스 사회학의 시조 에밀 뒤르켐이다. 그는 산업화와 현대화 과정에서 나날이 복잡해지는 사회와 개인의 관계를 과학적으로 고찰하면서, 사회 현상들을 분석하고 해결책을 모색했다. 사회적 양상들을 "개인이 처한 외부적 환경에서 사고하고 느끼면서 반응하는 것"으로 고찰하는 뒤르켐은, 그런 사회적 양상들이 "일종의 강제력으로 다시 개인에게 강요되고 있다."라는 관점으로 '유기적 연대'를 강조했다. 인간이

더더욱 개인주의화되는 과정에서 그 해결책은 '연대감 조성'이다. 쉽게 설명하면 사회 또한 인간처럼 일종의 유기체로 간주하여, 어느 부분이 망가졌다는 건 그 부분뿐 아니라 사회 전체에 문제가 있는 것이라는 공동체적 인식하에 결속감을 조성해서 사회적인 조화를 꾀해야 한다는 내용이다. 뒤르켐의 사회정신을 이은 프랑스에서 '연대감'은 자주 호소되는 단어다. '노조 연대시위', '연대적 반에이즈운동', '장애인 연대',

솔리다리테를 요청하는 파리 시청의 공익광고.
"12월 1일은 세계 에이즈 날. 내일을 위해, 삶을 위해, 단 하루라도 솔리다리테."라는 문구가 보인다.

'연대적 고용 정책', '암투병 환자들의 연대' 등. 특정 직업인들이 정책 변화를 반대하며 시위할 때 프랑스인들이 똘레랑스를 보이는 이유도 바로 사회적 연대감에 바탕을 두고 있다. 그런 문제들이 단지 당사자들뿐 아니라 자신의 문제일 수도 있다는 걸 인식하는 태도다. 2002년에 교체된 좌파 정부의 사회부 명칭도 '고용과 연대부'였다. 프랑스 정부부서는 정치색과 부서 성격에 따라 이름이 바뀌기도 하는데 당시 좌파 사회부가 추구한 철학이 '사회의 연대적 책임'이었다. 2005년 현재 우파 정부의 사회부 이름은 '고용·노동·사회 결합부'다.

그런데 사회에서 소외된 계층일수록 사회적 연대감을 조성하기 힘

에이즈 퇴치 솔리다리테를 호소하기 위해 열린 전시회(루브르 박물관).
프랑스에서는 이런 식의 다양한 행사를 통해 소외 계층에 대한 연대의식을 가지려고 노력한다.

든 게 현실이다. '빈곤'이 좋은 예다. 사회의 다양한 문제를 현장 연구를 통해 분석했던 프랑스 사회학자 피에르 부르디외는 방대한 양의 앙케트로 구성된 『세계의 비참』에서 가난과 고통의 사회학을 시도한 바 있다. 거기서 부르디외는 '빈곤'과 '고통'은 우연이 아니라 그 사회의 다양한 요소와 연관되어 나타나고 지속되는 하나의 사회 현상이라는 것을 보여주고 있다. 그가 시사하듯 '가난'은 당사자의 탓으로만 치부되는 개인의 수치가 아니라 그 사회 구성원들이 함께 나눠야 하는 사회의 고통인 것이다. 하지만 요즘처럼 소비 중심의 이기적인 사회에서 내 것이 아닌 타인의 고통을 연대하며 공유하기란 말처럼 쉽지 않다. '도대체 어떤 식으로 고통받는 타인과 연대하고, 그들을 도울 것이며, 나아가 이 일을 위해서 나는 어떤 역할을 할 수 있는가?'

무조건 동정심을 유발시키는 방법은 단기적이고 일시적인 효과는 거둘 수 있을지 모르나 장기적인 해결책은 될 수 없으며, 빈곤의 대상을 바라보는 사회 시각도 개선될 수 없다. '그러면 어떤 방법이 좋을까?'라는 의문에 '마음의 식당'은 빈곤의 사회적 연대의식을 실현할 수 있는 신선한 방법을 제시한다. 마음의 식당은 한겨울 춥고 배고픈 사람들에게 식사를 제공하는 자선단체다.

"오늘 우리는 더는 배고파서도, 더는 추워서도 안 돼." 이 노래는 마음의 식당 주제곡인데, 벌써 20여 년째 프랑스의 겨울에 울려 퍼지고 있다. 일인칭 주어 '나'가 만연하는 사회에서, 불특정 다수를 뜻하는 '우리'를 쓰면서 시작되는 첫 구절부터 고통의 사회적 연대를 호소하고 있다. 노래 중간중간에 언급되는 '나'와 '너'의 관계를 귀기울여 들어보면, 과장되거나 미화되지 않은 따뜻한 연대의식을 느낄 수 있다.

오늘 우리는 더는 배고파서도, 더는 추워서도 안 돼.
각자 자신만을 위하는 대신 내가 널 생각할 때,
바로 내가 나 자신을 생각하는 거지.
네게 대단한 만찬을 약속할 순 없지만,
이 마음의 식당에서 단지 약간의 먹을 것, 마실 것,
약간의 빵과 온기는 약속할 수 있어.
...
내겐 네 삶을 바꿀 대안은 없지만,

단지 몇 시간만이라도 널 도울 수 있다면

자! 나서는 거야.

...

굶는 이가 있다는 건 내 탓이 아니지만,

아무것도 하지 않는다면 그건 우리들 탓이니까.

_ 장 자크 골드만 곡, '마음의 식당' 주제곡

마음의 식당은 1985년 프랑스 만담가 콜뤼슈의 구상으로 시작되었다. 콜뤼슈는 "내가 어릴 때 가장 힘들었던 기간은 한 달이 끝나가는 즈음이었어요. 바로 마지막 30일요!"라는 식의 사회 비평을 담은 익살스런 만담으로 1970, 80년대에 프랑스인들을 즐겁게 했던 유명인이다.

마음의 식당은 경제대국이자 미식가의 나라 프랑스에 아직도 배고픈 이가 있다는 건 모두의 수치라는 자각에서 비롯되었다. 내 배만 채우고 내 욕구만 충족시키면 된다는 의식이 퍼져있는 극도의 개인주의 사회에서 자신의 이기심을 거울에 비춘 것이다.

그가 구상한 식당은 '후원에 의해 무료로 음식을 제공하는 식당'이었다. 당시로선 획기적인 아이디어라 거의 실현 불가능해 보였던 이 구상이 곧바로 실현될 수 있었던 것은 콜뤼슈의 명성에다 동료 연예인들과 수많은 자원봉사자들의 참여 덕이었다. 1985년 가을에 구상되어 곧바로 그해 겨울 문을 연 마음의 식당은 겨울 동안 5000여 명의 자원봉사자들이 참여해 850만 끼의 식사를 제공했다. 대단한 성황이 아닐 수 없었다.

그때 마음의 식당 주제곡을 유명인들이 함께 부르며 국민들에게 도움을 청했다. 장 자크 골드만, 이브 몽탕, 미셸 플라티니, 카트린 드뇌브 등 정치, 연예, 스포츠, 언론 분야에서 프랑스의 내로라하는 유명인들이 마음의 식당이 주최한 축제에 참여해 모두들 "조금만 나누자!"라고 외쳤다. 1986년 콜뤼슈는 오토바이 사고로 숨을 거두었지만, 마음의 식당은 그의 정신을 이어받아 지금까지 운영되고 있다.

마음의 식당에서 봉사활동을 하는 이들에게 권장하는 '식당 정신'은 상대방에 대한 아무런 편견 없는 존중, 다정한 눈길, 유머, 인내, 그리고 상대방에게 귀기울이는 태도다. 마음의 식당을 지탱하는 원동력은 크게 세 가지로 '축제', '봉사에 의한 연대의식', '모금운동과 운영의

투명성'인데, 이것은 오늘날 프랑스의 수많은 자선단체들이 대부분 지향하는 사항들이다.

'축제'는 창립 때부터 이 운동과 결부된 쇼비즈니스의 형태로 매년 연예인들을 주축으로 벌이는 쇼무대다. 남녀노소를 막론하고 프랑스인들이 사랑하는 유명인들이 함께 무대를 장식한다. '앙푸아레'라는 이 쇼는 노래와 춤으로 엮어지고 비디오와 오디오로 제작되며, 관람비를 비롯한 판매금이 마음의 식당에 기부된다. 앙푸아레 외에도 전국 곳곳에서 열리는 다양한 전시회, 문화활동들이 있다. 마음의 식당 활동 이미지가 밝고 활기찬 데는 바로 이런 축제들에 힘입은 바가 크다.

앙푸아레에 참여하는 연예인들이 그렇듯, 마음의 식당 운영을 돕는 인원 대다수는 자원봉사자들이다. 애초 파리에서 시작된 이 운동이 전국으로 퍼져갈 수 있었던 것은 선뜻 남을 돕겠다고 나선 자원봉사자들이 있었기 때문이다. 겨울마다 수시로 모집한 봉사원들은 총 4만여 명에 이르는데, 이들은 아무런 보수 없이 직간접적으로 참여하여 봉사하고 있다.

마음의 식당은 겨울 동안 평균적으로 총 60만여 명에게 6000만 끼

이상의 식사를 제공하는데, 이렇게 많은 식사를 제공할 수 있는 것은 일반인들의 헌금과 뜻있는 단체들의 기부금 덕분이다. 개인 헌금이 전체 원조금의 40퍼센트를 상회하여 1위를 차지하고, 그외 국가나 특정 단체의 정기적인 기부금이 21퍼센트, 앙푸아레 축제 수익이 16퍼센트, 유럽연합의 원조가 12퍼센트를 차지한다(2003년 현재). 개인 헌금자가 이렇게 많은 것은 무엇보다도 그들의 따뜻한 마음에서 기인하지만, 일명 '콜뤼슈법'이라 불리는 헌금에 따른 세금 혜택법도 한몫한다.

마음의 식당이 운영되던 첫해 고통을 함께 나누자고 헌금한 사람들의 대다수가 검소한 계층이었다. 자기보다 상대적으로 더 가난한 이를 돕자고 나서는 서민층의 남다른 노력에 주시한 콜뤼슈는 많지 않은 헌금에도 면세 혜택을 주자는 독창적인 제안을 했고, 1988년 그 법안이 통과되어 실행되고 있다. 그동안 정부가 바뀌면서 세금 혜택 비율과 그 적용액에 대한 규정이 조금씩 바뀌기는 했지만 2003년 현재, 콜뤼슈법은 과세금의 20퍼센트에 해당하는 금액까지의 헌금액에 대하여 연간 60퍼센트의 세금 혜택을 준다. 콜뤼슈법은 마음의 식당뿐 아니라 모든 종류의 개인 헌금에 적용되고 있다. 세제 부담이 큰 프랑스에서 인본적 성격이 잘 고려되어 고안된 실용적인 법이다.

이렇게 모아진 자금과 식품 그리고 사람들의 힘을 합쳐, 가난의 고통을 사랑으로 나누자는 마음의 식당은 그동안 자선 영역을 넓혔다. 산모와 아기들을 위한 식당도 따로 개설했고, 오갈 데 없는 사람들이 임시로 묵을 수 있는 무료 숙박 시설도 늘리고 있다. 겨울이 시작되면 문을 여는 마음의 식당은 3개월 동안, 추위에 맞서 땅 위에서 따뜻한 사랑을 전달한다. 그 식당에서 배고프고 추운 영혼들이 그들의 고통을 잊을 수 있다는 건 흐뭇한 일이다.

언젠가 뉴스에서 어려운 환경에 처한 사람들이 모여 고장난 가구들을 고치는 작은 작업실을 보여준 적이 있었다. 여러 사람들이 함께 가구를 수선하는 기술도 익히고 약간의 생활비도 버는 단체였는데, 나라에서 보조금을 동결시켜 어려움을 겪고 있다는 사정을 호소했다. 거기서 작업하던 이가 자신의 일을 소개했는데 그 표현이 인상적이었다.

"여기서 가구들을 복원하면서 나의 마음도 '복원'할 수 있다는 희망을 가지게 돼요."

생활의 '고통'이 복원 작업으로 '희망'이 된다는, 아주 적절하게 비유된 아름다운 표현이었다. '소외된 인간의 사회 복원', 그것이 사회복지가 궁극적으로 실현해야 할 과제일 것이다.

표현과 언론의 자유

<르 몽드>는 프랑스 일간지로 한국에서도 민주 언론의 예로 극찬받고 있다. 이런 언론이 활동하는 프랑스의 언론 환경은 어떨까? 자유민주 사회에서 표현과 언론의 자유는 당연하지만, 거기에 따른 책임을 고려하면 어느 나라를 막론하고 그것을 실현하는 데 어려움이 있다. 개인과 사회, 법이 어우러져 만들어내는 자유와 책임의 방정식을 풀려면, 우선 그 사회를 이해하려는 노력이 필요하다.

'국경 없는 기자회'에서 매년 발표하는 '세계 언론 자유 지수'에 따르면, 프랑스는 2003년에 26위(독일 8위, 영국 27위, 미국 31위, 일본 44위)를 차지했다. 언론 자유는 그 나라 경제력과는 무관하며, 그 나라의 언론 정책을 비롯한 복합적인 요소들이 얽혀서 실현된다. 그러면 프랑스에서는 어떻게 언론 자유를 얻었는가? 1789년 대혁명 때 공포된 인권선언문은 총 17조로 구성되어있다. 자유, 평등, 박애의 프랑스 국가

이념을 상징적으로 풀어쓴 이 선언문 11조에는 표현의 자유가 다음과 같이 적혀있다.

"사상과 견해의 자유로운 의사소통은 인간의 가장 귀중한 권리다. 따라서 모든 시민은 자유롭게 말하고, 쓰고, 인쇄할 수 있다. 단, 이 자유는 법이 정한 범위에서만 가능하다."

자료를 훑어보면 혁명 직후 몇 년간 표현의 자유는 그야말로 방임 상태였다고 한다. 1789년까지 약 300~400개 정도였던 신문 수가 1789년과 1790년 사이에는 1000개 이상을 헤아렸다. 그러다 1790년대에 탄생한 공화국 헌법에 인권선언문이 그대로 옮겨졌지만, 이후 연이은 법 개정과 정치적 혼란으로 '표현의 자유'가 구체화되지는 못했다.

표현과 언론의 자유가 법에 명기된 것은 1881년에 이르러서다. 이 법은 다양한 인쇄, 출판물 배포의 자유와 책임을 구체적으로 명기하고 있다. 법 내용은 사회가 변하면서 인쇄물뿐 아니라 시청각 자료에까지 적용되었는데 특히 1881년 법이 지금까지 프랑스의 표현과 언론의 자

레퓌블리크(공화국이란 뜻) 광장에 모인 시위꾼들. 레퓌블리크 광장은 공화국이라는 의미에 걸맞게 각종 시위의 대표적인 집결지다.

유에 관한 주요 법이 되었다. 이 법은 인쇄물과 출판물에 대하여 복잡한 검열 절차를 생략하고 간편하게 등록하게 하면서, 표현의 자유를 제어하는 역할보다는 오히려 보장하고 자유의 남용에만 관여했다.

프랑스의 언론은 문학과 문화의 나라라는 특성에 맞게 문학적인 요소가 듬뿍 곁들여지고 다양한 관점의 자유로운 문체가 어우러지는 매체가 되었다. 영미 언론에 비해 프랑스 언론은 문학적인 색채가 짙으면서 팩트에 대한 관점 표출이 자유롭다는 평을 듣는다.

표현과 언론의 자유는 공권력이 통제와 검열 등 개입을 줄이면서 발전했는데, 여기에 언론인들의 직업적인 각성도 한몫했다. 1918년, 기자들은 '전국기자연맹'이라는 노조를 조직하면서 '헌장'도 발표했다. 그 헌장에는 기자의 과제와 의무가 적혀있는데 그것은 언론사 내외에서 받는 부당한 압력에 굴하지 않도록 기자들의 자율성을 강조하는 내용으로, 1차 세계대전 동안 겪었던 언론의 어려움에 대한 새로운 자각이자 각오였다.

"정확한 사실을 대중에게 알리는 데 힘써야 하는 직업"인 만큼, "공권력이나 경제권과 타협하지 말 것", "경찰의 역할과 자신을 혼동하지 말 것" 등을 호소하며 공정한 언론활동을 표명하고 있는데, 다음의 구절이 특히 눈길을 끈다.

"정보를 얻어내기 위해 부당한 방법을 사용하지 말고, 신뢰를 저해하는 선정적인 제목이나 거짓된 기사를 써서는 안 된다."

눈길을 끌어 더 많이 배포하려고 대중심리를 이용하지 말라는 내용이다. 판매 부수를 늘리기 위해 수단과 방법을 가리지 않는 작금의 언론 현실에도 경종을 울리는 구절이다.

1935년부터 프레스카드를 발급해 기자들의 정보 수집이 자유로워지면서 기자는 공식적으로 인정받는 직업이 된다. 이후 기자들의 자율성과 의무, 권리를 보장하기 위해 노조뿐 아니라 여러 협회들의 활동도 활성화되었는데, 세계적인 기자단체인 '국경 없는 기자회'가 대표적인 예다.

이렇듯 프랑스에서는 표현과 언론의 자유가 '직업적 의무'에 대한 인식과 함께 발전했지만, 프랑스도 여느 나라와 마찬가지로 표현의 자유와 책임에 따른 고민을 안고 있다.

프랑스 언론은 여전히 검열 없이 자유롭게 의견을 표출하지만, 사회 변화에 따라 표현의 자유를 침해하는 압력은 굳이 공권력이 아니라도 일정한 형태 없이 각양각색으로 대두되고 있다. 그중에서 특정 집단의 이익을 위한 압력과 경제적인 압력이 대표적이다.

언론은 대중과 경제시장을 겨냥하는 만큼 상품으로서의 가치와 대중의 의견을 고려하는데, 그 때문에 언론사 내부에서는 자발적 검열과 삭제를 하게 된다. 언론사의 거대 자본화로 이런 현상은 너욱 심화되고 있다. '<르 몽드> 사건'은 프랑스 언론의 이런 분위기를 나름대로 엿보게 한다.

2003년 봄에 크게 화제가 되었던 『르 몽드의 숨겨진 얼굴』에는 다음과 같이 적혀있다.

"세상이 변했다. <르 몽드>도 변했다(르 몽드는 '세계'를 뜻한다_역주). 하지만 좋은 방향만은 아니다. …1994년 <르 몽드>의 운영진이 바뀌면서, 그들은 권력의 핵심에 '새 <르 몽드>'의 자릴 마련했다. …<르 몽드>

는 권력의 힘을 이용해 '반권력'이라는 원래 역할을 오히려 지속적인 권력 남용 쪽으로 교활하게 전환했다."

'반권력에서 권력 남용으로'라는 부제를 단 이 책은 그간 <르 몽드>에 실린 주요 기사들의 내용과 경향, 그리고 데스크 얘기들이 담긴 장장 600쪽의 책이다. 이 책의 비판의 요점은, "1994년 이후 새롭게 적용된 회사 운영방침이, 중립과 반권력으로 일관해 오던 <르 몽드>를 새 <르 몽드>로 만들었고, <르 몽드>는 이전의 명성을 교묘하게 악용하여 정치인들, 기업인들, 사회 주요인사들을 좌지우지하면서, 그 자신이 언론권력이 되어 권력을 남용하고 있다."라는 것이다.

이 책은 출간되자마자 불티나게 팔렸다.

가판대에 걸려있는 <르 피가로>, <르 몽드>, <리베라시옹>. 프랑스에서는 1881년에 표현과 언론의 자유가 법에 명기되었다. 이 법은 표현의 자유를 제어하는 역할보다는 오히려 보장하고 자유의 남용에만 관여했다.

내용도 내용이지만, 무엇보다도 책이 다루는 대상이 프랑스 언론의 자부심이라고 자타가 인정하는 <르 몽드>기 때문이다. 문제의 책과 관련해 <르 몽드>를 염려하는 사람들이 생겨났는가 하면, 책의 앙케트 방법이나 자료들의 출처를 두고 비판하는 목소리도 만만치 않았다.

2004년에 회갑을 맞이한 <르 몽드>가 비판의 대상이 된 것은 그때가 처음이 아니었다. 작은 비난의 소리는 차치하고 이 사태에 견줄 만한 사건으로, <르 몽드> 기자 미셸 르그리가 출간한 『있는 그대로의 르 몽드』도 있다. 이 책도 <르 몽드>가 창립이념을 잃어간다고 한탄했다. 이런 비판들을 자세히 보면 이사장이나 편집장이 바뀔 때마다 생기는 사내 변화를 비판하는 책이 나오고 있는 셈이다.

『르 몽드의 숨겨진 얼굴』에 인용되었던 <르 몽드> 측 데스크들은 이 책의 저자를 명예훼손 혐의로 고소했다. 이 사건은 결과적으로, 바른 언론은 자본과 타협하고 타성에 젖지 않으려는 끊임없는 자기반성을 통해 유지된다는 교훈을 남겼다. 단지 <르 몽드>뿐 아니라 언론의 의무와 자기 성찰에 대한 노력을 고무시키는 아주 프랑스적인 언론 사건이기도 했다. 그런데 언론과 자본의 관계가 더욱더 긴밀해져가는 이 시대에 이런 노력이 얼마나 갈지는 회의적이다.

<르 몽드>는 그래도 언론과 출판의 영역을 지키면서 거대 자본화된 경우지만, 2004년 항공기업 다소가 <르 피가로>를 비롯하여 70여 개의 언론지를 발행하는 속프레스를 인수한 사건은 언론인들에게 상당한 우려를 불러일으켰다. 이 사건으로 속프레스의 많은 언론인들이 사표를 내기도 했다.

이처럼 언론이 거대 자본화되면서 생기는 일화 외에도, 개인이 말이나 글로 인해 재판에 회부된 일화도 있다. 책이나 언론에서의 발언 때문에 소송당하는 일은 프랑스에서도 흔하다. 『플라트폼』의 작가 미셸 우엘벡도 그중 한 사람이다. 우엘벡은 소설 내용이 아니라 소설 출판 후 월간 문학지 <리르>(2001년 9월호)에 실린 인터뷰 내용 때문에 소송을 당했다.

"특히 나를 경악하게 한 것은 방콕에서 본 회교도들이다. 회교도들은 모두 선한 줄 알았다. 하지만 우리들이 갖고 있는 이미지와는 달리 그들 가운데 많은 이들이 믿음 없이, 완전히 위선 속에서 살고 있다. 그들은 태국에 왔다 하면 쾌락을 얻기 위해서 서구인보다 훨씬 광란적이었다. 그걸 내 책에서 지적하고자 했다. …어쨌든 가장 어리석은 종교가 이슬람이다."

우엘벡은 베스트셀러 작가로 세상의 변화상이나 풍조에 대해 냉소, 유머, 자극적 비난을 퍼붓는 걸로 유명하다. 이 책에서 자신이 태국 체류에서 얻은 경험을 근거로 태국의 섹스 관광과 이슬람에 대해 비난했는데 이 내용은 작가의 명성 때문에라도 당시 프랑스 언론에 회자되기에 충분했다. 출간되자마자 베스트셀러가 된 이 책의 과다 인기 현상을 두고 당시 언론은 "프랑스인은 생각보다 인종차별적이다.", "자극이 예술인 나라, 프랑스.", "역시 우엘벡이다." 등의 찬반이 엇갈리는 기사들을 실었다. 하지만 창작소설인 만큼 표현의 자유는 존중되었다. 그런데 이후에 작가 인터뷰가 월간지에 실리면서 문제가 된 것이다.

그러나 이 재판의 승자는 우엘벡이었다. 결국 표현의 자유가 승리한 셈이다. 그렇다고 표현의 자유가 늘 승리하는 건 아니다. 대표적인 예로 로제 가로디의 『이스라엘 정치의 창조 신화』를 들 수 있다. 이 책은 표현의 자유를 보장하는 프랑스에서도 금서가 된 책이다.

90대 고령(1913년생)의 가로디는 철학, 정치, 마르크스주의, 휴머니즘, 기독교, 이슬람을 거쳐 20세기 사상을 두루 섭렵한 석학이다. 또한 현대 사회에 대한 날카로운 비판을 마다하지 않는 휴머니스트이기도 하다. 그런데 말년에 '2차 세계대전 전후의 유대인에 대한 고증과 연구' 서인 이 문제의 책을 출판하면서 역사부정주의자, 반유대주의자, 인종차별주의자라는 극렬한 비난을 받았다. 『이스라엘 정치의 창조 신화』가 금서가 되기까지 그 짧은 기간에 프랑스 주요 일간지들이 퍼부은 비판은 그야말로 신랄했다.

"로제 가로디, 스스로 이데올로기 톱니바퀴에 으깨지다. …한 시대의 증인이 될 수 있었던 한 인간의 자살적 파멸." <라 크루아>

"뤼마니테는 자신만의 휴머니즘으로 한 시대에 흔적을 남긴 한 인간을 입 다물게 만든 '게소법'이 있어서 기쁘다." <뤼마니테>

"가로디, 안티세미티즘(반유대주의) 영역으로 가버렸다." <리베라시옹>

다음은 『이스라엘 정치의 창조 신화』 뒤표지 글이다.

"독자들이 판단할 것이다. …언덕 위에서 혼자 노래하는 목소리는 골짜기의 그늘에서 생겨난 소문들을 각성하게 만든다."

이 책은 이스라엘이 창건되기까지 시오니스트(유대인들의 민족국가를 건설하려는 민족주의 운동가)들의 활동과 나치가 저지른 유대인 학살 사건 전후상황이 다양한 자료를 통해 고증되어있다. 그동안 일반적인 사실로 알려진 많은 내용들이 정확하지 않다는 것을 증명하거나 추론해냈다.

이 책은 출간되자마자 곧장 소송으로 이어졌는데 가톨릭계 대표적인 인물이자 프랑스 최고의 휴머니스트로 추앙받던 피에르 신부가 "가로디의 인식과 인격을 믿는다."라며 가로디를 지지했다가 언론과 종교계로부터 비판의 소용돌이에 휘말리자, "오로지 신만이 각자의 의도를 판정할 것이다."라며 지지를 철회하는 상황까지 벌어졌다.

1998년 가로디는 벌금형과 함께 "반유대인적인 것은 물론이고 반인륜적이다."라는 판결을 받았다. 결국 왕년의 휴머니스트의 책이 '반휴머니즘'으로 판결났으며, 한 석학이 말년에 펴낸 역사 연구는 끝간 데까지 가버린 석학의 노망으로 판정되었다. 이와 함께 『이스라엘 정치의 창조 신화』는 가로디의 저서 목록에서 영원히 삭제되었다.

가로디의 패소에 활약한 법이 '게소법'이다. 1990년에 제정된 이 법은, "공공장소에서 행해진 인종차별적, 반유대인적, 반외국인적인 모든 행위는 처벌할 수 있다."라는 내용으로, 프랑스의 표현과 언론의 자유 영역을 크게 수정했다. 이 법은 인권 보호라는 취지로, 기존의 '반인종차별법'에다 한술 더 떠서 유대인이라는 특정 민족에 대한 보호까지 명기하고 있다. 그래서 객관적인 역사 연구를 방해한다는 측면에서 법안 통과 당시 역사학자들과 지식인들이 유대인들의 로비를 언급하며 반대했었다.

'반유대인적'이라는 말이 모호하기 때문이었다. 유대인 중에는 부당하게 인종차별을 받는 선량한 피해자가 있는가 하면, 이스라엘이라는 나라를 이루는 민족, 아주 오래전 유목민으로 세계 도처에 퍼져나간 민족, 서구 사회의 경제와 정치 부분에 공고히 자리하고 있는 민족 등

부류가 다양한 터라 도대체 누구를 칭하는지 불확실하다는 것이다.

게소법이 발효되면서 표현과 언론의 자유에 관한 소송들이 이어져 '인권 보호'와 '표현의 자유'가 싸우는 양상이 반복되고 있다. 그와 더불어 프랑스에서 '반유대인적'이라는 단어인 '안티세미트'는 나날이 어감이 무거워지고 있다. 이런 분위기 때문에 『이스라엘을 비판해도 되는가?』라는 책 제목이 유달리 시선을 끈다.

4 세월, 그 잔인한 변화

이렇듯 '진정한 국력의 의미'를 헤아려보며 고민하는 지식인들의 저항이 빛을 발하는 한, 위고의 말처럼 그 나라의 언어와 문화는 일시적인 경제력의 한계를 넘어서 문명의 이름으로 영원히 빛날 수 있을 것이다.

세월, 그 잔인한 변화

프랑스를 보는 데는 여러 관점이 있을 수 있다. 역사, 문명, 문화, 현상, 사건 등으로 보기, 혹은 한국에서 흔히 하는 방법인 한국과 비교하면서 관찰하기 등. 이런 다양한 관점에서도 공통점을 찾는다면 역사적 사실인 시민혁명의 나라라는 것 외에도, 인권과 문화의 강국이라는 것은 자타가 공인하는 프랑스의 특징이다. 그런데 신자유주의 기치 아래 세계를 움켜쥐고 있는 '초강대국' 미국의 세계적인 영향을 고려하면, 한때 최강대국이었던 프랑스는 더는 그렇지 않은 것도 사실이다. 최강대국은 물론 강대국도 아니라는 비판의 소리는 프랑스 지식계에서도 나오고 있다.

프랑스에선 현란한 미래 설계보다 과거를 되새기고 기념하는 행사가 더 잦으며 그런 식으로 과거와 현재를 공존시킨다. 이런 프랑스의 모습은 '우리는 도대체 어떤 가치를 추구하며 살아야 하는가?'라는 근본적인 질문을 스스로에게 던지게 한다. 이것이 프랑스를 단지 과거의 향수만 고집하는 나라라고 치부해버릴 수 없는 이유다. 시대의 변화에 따라 대처해가는 실용주의도 좋지만 그런 변화 속에서 스스로 주체가 되는 고집을 키워나간다면, 적어도 시대의 수동적인 희생자는 되지 않을 것이다.

프랑스에서는 그런 주체적인 고집이 읽혀지는 동시에, 그 고집을 지켜가기 위해 부딪히는 어려움들도 보인다. 프랑스에 관한 우리의 고정적인 이미지들을 통해 이런 프랑스의 모습을 보기로 하자.

> 진정 진보적인 사람들은
> 과거에 대한 깊은 존중을 갖고
> 출발점에 있는 사람들이다.
> _ 에르네스 르낭

패션이 무정한 파리

"파리엔 패션이 있을까, 없을까?"

혹자는 "있다." 하고, 혹자는 "없다." 할 것이다. 사실 일률적인 생활양식을 싫어하기로 유명한 프랑스인들이나 파리지앵들에게서 유달리 눈에 띄는 패션을 찾기는 쉽지 않다. 사람 따라 다르고 취향 따라 다르니 있다/없다 식의 이분법이 아니라 있는 듯하면서도 없고, 없는 듯하면서도 있다고나 할까. 그런데 분명한 것은 파리엔 서양 패션의 역사가 있다는 것이다.

패션의 도시로 알려진 파리에선 매년 '오트쿠튀르(고급 양장)'와 '프레타포르테(기성복)' 두 종류의 패션쇼가 크게 열린다. 그것을 시즌별, 디자이너별로 나누고 여성복, 남성복까지 구별하면 파리에선 연중 수많은 패션쇼가 개최되는 셈이다. 게다가 섬유, 패션 소품까지 합하면 패션쇼는 더 많아진다.

150여 년 전 오트쿠튀르를 탄생시킨 파리는 세계에서 패션 중심지 역할을 해왔다. 그래서 파리에는 의상 학교들이 수두룩하고, 한국을 비롯하여 세계 도처에서 몰려온 이들이 미래의 코코 샤넬, 이브 생로랑, 크리스티앙 디오르의 꿈을 키우고 있다. 하지만 흐르는 세월과 더불어 파리의 패션도 변하지 않을 수 없었다. 몇 년 전 패션계를 은퇴한 이브 생로랑 얘기가 패션의 도시 파리가 겪은 '패션의 우여곡절'을 나름대로 잘 대변해준다.

2002년 1월 22일 저녁, 파리의 퐁피두 센터 주변에는 사방팔방으로 바리케이드가 쳐져있었다. 바리케이드 왼쪽의 웅장한 분홍색 장식대에 현란하게 조명이 쏟아지자, 유명한 로고인 'YSL'을 한참 동안 내보내던 대형 스크린에 이니셜의 주인공이 나타났다. 그 패션쇼가 여느 때 같지 않았던 건, 그것이 이브 생로랑의 마지막 패션쇼라는 점이었다. 그래서 그렇게 많은 이들이 건물 내외에 진을 치고 있었다.

"여성에게 서비스한 나의 모험에 종지부를 찍는다."라는 그의 표현처럼 한 예술가의 모험이 일단락되는 순간이었다. 44년간의 디자이너 경력 중 40년(1962~2002년)을 자신의 고유 메이커 '이브 생로랑'으로 옷을 만들어온 그는 그냥 일개 디자이너가 아닌 진정한 예술가로 평가되고 있다. 그래선지 그의 은퇴 소식은 매체 1면을 장식했다.

"내가 하고자 했던 건 패션을 통해 자아를 만족시키려는 이들의 환상에 응하고 나 자신이 여성이 되어 그들의 몸, 몸짓, 태도 그리고 그들의 삶에 서비스하는 것이었다. 왜냐하면 지난 세기 동안 생겨난 여성운동을 돕는 것이 나의 바람이었기 때문이다."

은퇴 선언 기자회견에서 생로랑이 남긴 고별사다. 진열된 여성이 아니라 생동하는 여성과 함께해온 생로랑의 44년 경력은 한 디자이너의 인생 얘기일 뿐 아니라 그의 말처럼 20세기 후반 내내 격동의 세월을 겪어온 여성들의 또 다른 역사이기도 했다.

본명이 이브 마티유 생로랑인 그는 1936년 알제리 오랑에서 태어나 파리에서 의상 디자인을 공부했다. 열여덟 살의 젊은 나이로 크리스티앙 디오르 문하에 들어가 인정받고, 1957년 디오르가 사망하자 디오르의 자리를 계승했다. 스무 살이 맞이하기에는 엄청난 영광이었지만

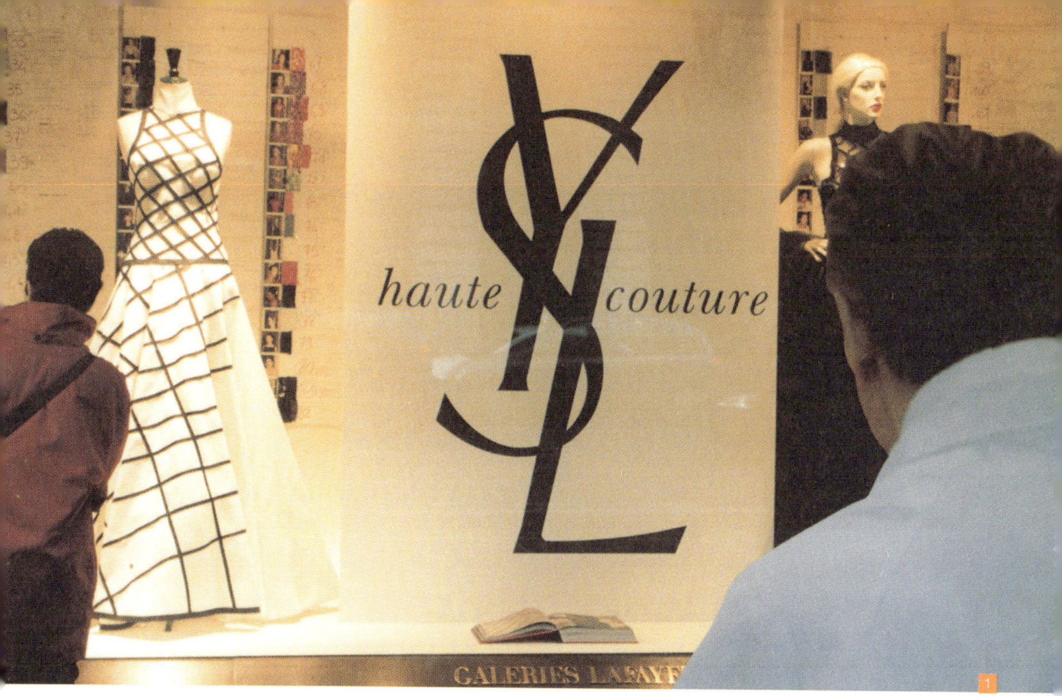

1. 파리 라파이에트 백화점은 생로랑의 마지막 패션쇼를 기념해 쇼윈도를 생로랑의 로고로 장식했다.
2. 생로랑의 패션쇼가 열리기 직전, 퐁피두 센터.

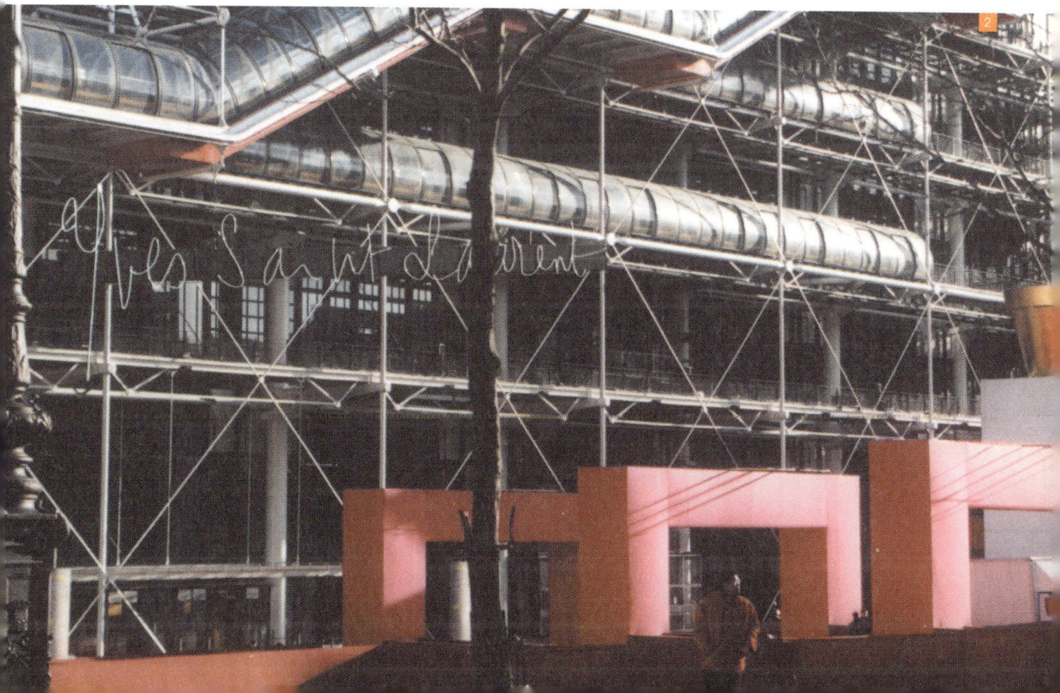

그의 재능에 대한 당연한 보상이었다. 그러다 1960년 영장을 받고 입대하는데, 동성애자인 그에겐 악몽 같은 생활이었기에 그는 신경쇠약으로 병원 신세를 지게 된다. 제대하자 '디오르'에 다시 들어가는 대신 평생의 동반자가 될 피에르 베르제와 함께 자신의 고유 메이커인 '이브 생로랑'을 만들어 1962년 첫 패션쇼를 열었다. 매년 수차례씩 탄생시켰다 죽여야 하는 유행을 창조하는 혹독한 창작활동은 44년이나 계속됐다. 그 옷을 입는 일반인은 상상하기조차 힘든 잔혹한 투쟁이었을 것이다. 1998년 프랑스에서 개최된 월드컵 폐막식에서 생로랑의 대형 패션쇼가 열린 것은 그의 예술세계가 프랑스의 자부심이란 걸 보여준다.

오트쿠튀르는 1850년대 파리 중심(라 페 거리 7번지)에서 가게를 연 샤를 프레데릭 워스가 고객을 위해 맞춤을 만들면서 시작되었다. 최고급 맞춤 양장인 오트쿠튀르는 부자 고객들의 큰 호응을 얻어 의상 문화의 변화를 가져왔고, 오트쿠튀르 근원지인 파리는 패션 중심지가 되었다. 1910년에 생겨난 파리 의상조합에 따르면, 당시 등록된 파리의 고급 의상실은 50여 개를 헤아렸고 세계 각지에서 고객들을 유치했다고 한다. 그렇게 파리는 샤넬, 발랑시아가, 크리스티앙 디오르 등 패션계의 세기적 대가들이 맹활약하는 무대가 되었다.

그러다 1950년대에 이르러 서구 의상계에 또 다른 물결이 몰아친다. 전후 베이비붐 세대가 성장하고, 서구 경제가 급격히 발전하고 도시화가 진행되면서 취업하는 여성의 수도 현저히 늘어났다. 그 결과 이제는 맞춰 입는 재단 방식으로는 그 엄청난 군중을 입혀낼 수 없게 되어 오트쿠튀르가 아닌 다른 방식의 의상이 필요해진 것이다.

이런 시대적 배경으로 '프레타포르테'라는 의상이 출현했고, 산업화와 현대화에 힘입어 의상의 민주화를 실현하기에 이른다. '입을 수 있도록 미리 만들어진 의상'을 뜻하는 프레타포르테는 오트쿠튀르를 모방하면서 출발하여 1960년대부터 급격히 시장을 넓혀갔다. 당시 신세대 영화배우였던 브리지트 바르도는 "맞춤옷은 할머니들이나 입는 옷."이라고 말하기도 했다.

그동안의 의상은 창조에 중점을 두어 문화적 성격이 강했지만 프레타포르테는 제조, 보급, 판매의 요소가 두드러지게 강조되어 패션의 경제화가 급속도로 진행되었다. 오트쿠튀르가 장인정신에 기반한 고급 창조물이었다면, 프레타포르테는 패션산업의 성격을 강하게 띠었다.

이에 발맞춰 영국, 이탈리아, 미국, 일본 의상계가 부각되기 시작했다. 그동안 오트쿠튀르의 명성을 지켜오던 파리는 런던, 밀라노, 뉴욕, 도쿄와 함께 패션산업계의 치열한 경쟁 도시 중 하나로 바뀌었다.

예술의 자존심으로 오트쿠튀르를 만들던 파리의 유명 메이커들은 기성복을 원하는 수요층을 염두에 두어 프레타포르테도 병행했다. 생로랑도 의상실을 연 직후인 1966년부터 프레타포르테를 시작했다. 하지만 전문가들은 패션, 섬유산업의 세계적인 대이동으로 당면한 '앵글로 색슨적인' 산업정신과 프랑스적인 장인정신의 화합을 파리가 자연스럽게 소화하기는 쉽지 않았다고 그 시대를 회고한다.

아무튼 수많은 젊은 디자이너들이 수익성 있는 프레타포르테에 입문하면서 프레타포르테 시장은 날로 성장했다. 치열한 경쟁에서 살아남기 위해서 메이커들은 치열한 고객유치 노력과 함께 액세서리, 화장품 등의 상업화에도 나섰다. 일명 토털패션을 지향한 것이다. 이제 패션계의 모든 것들이 거대한 상업화 물결에 휩쓸리기 시작했다. 디자이너와 톱모델들이 상품처럼 팔리는가 하면, 패션 잡지들이 우후죽순 생겨나 상업화 물결을 한층 더 부추겼다. 패션은 이제 민주화만의 시각으로 바라보기엔 지나치게 상업성을 띠기 시작했다.

"1990년대부터 패션은 이미 존재하지 않았다. 여자를 생각하기보다는 자신의 환상에 사로잡힌 이들이 패션계를 우스꽝스럽게 만들고 있다."라며 생로랑은 예술가의 눈으로 당시 패션계를 비판했다.

한편 파리 패션의 명성을 낳았던 오트쿠튀르 시장의 상황은 나날이 어려워졌다. 오트쿠튀르 메이커들은 본사를 파리에 둔 업체만 참가하도록 하는 등 패션쇼 참가 자격 조건을 제약하면서 그 전통을 중시했다. 예술성을 지극히 강조하여 자칫 환상적인 의상을 선보이기도 하는 오트쿠튀르는 그 명성과 가격이 엄청난 까닭에 세계의 갑부들을 고객으로 한다. 그야말로 '별천지'에 사는 이들을 위한 옷인데, 최고급 프레타포르테 출현은 오트쿠튀르 시장을 더욱 협소하게 만들었다. 그 결과 오트쿠튀르 시장에서는 열 개 남짓한 메이커들이 몇 백여 명의 전 세계 고객들을 가지고 서로 경쟁하고 있다.

이런 상황 때문에 지난 세기 말에는 '과연 21세기를 넘길 수 있을까?'라는 오트쿠튀르 정체성에 대한 회의론까지 제기된 바 있다. 무사히 21세기까지 도달하긴 했지만 해를 거듭할수록 오트쿠튀르 컬렉션을 탈퇴하는 디자이너들이 늘고 있다. 1990년대 파코 라반이나 니나 리치에 이어 이제 생로랑까지 은퇴하며 영원한 이별을 고했다.

생로랑의 은퇴 소식을 접한 이들은 처음에는 병, 나이, 예술가의 한계 등을 논했다. 세대교체가 잦은 패션계에서 그는 최전선에 남아 활동한 보기 드문 고령이었기 때문에 은퇴 사유에 대한 추측도 무성했다. 1998년부터 이브 생로랑에 불어닥친 재정적인 변화도 간과할 수 없는 은퇴 요인이다. 베르제와 생로랑 커플이 40여 년간 이끌어오던 기업체인 이브 생로랑을 1999년에 프랑스의 대유통기업이 인수하면서, 두 사람은 봉급자 신세가 되고 말았다. 이는 유독 생로랑만이 겪는 여정이 아니라, 적지 않은 패션기업이 세계화의 물결 속에서 대기업에 인수 · 합병되고 있다.

생로랑은 한 인터뷰에서 은퇴 동기를 다음과 같이 말했다.

"우리는 무질서와 쇠퇴의 세상에 살고 있습니다. 이런 시대에 우아함과 미를 위한 투쟁은 몹시 서글퍼보입니다. 마치 세계의 한편으로 밀려나 완전히 혼자가 된 듯한 기분이지요. 그래서 떠나기로 마음먹었습니다."

그의 외로움은, 고유한 아름다움을 창조하기 위해 피땀을 흘리던 예술가가 '상업적 성형 미인'이 북적대는 현실 앞에서 느꼈을 고독이 아니었을까 짐작해본다.

혁명이 필요한 포도주

"19세기의 가장 뛰어난 시인"이라 불리기도 하는 샤를 보들레르는 과감한 언어 사용으로 독창성을 과시한 시인이다. 그래서 그의 시집 『악의 꽃』이 탄생하기까지 보들레르의 언어가 겪은 길은 순탄하지 않았다. 그 보들레르가 그 특유의 언어로 프랑스 포도주를 5편의 긴 운문시로 지었다. 「포도주의 영혼」, 「넝마주이의 포도주」, 「살인자의 포도주」, 「고독한 자의 포도주」, 「연인들의 포도주」가 바로 그것이다. 거기서 보들레르는 포도주를 마시는 여러 사람의 심정을 읊을 뿐 아니라 그 자신이 기꺼이 포도주가 되기를 자청한다.

"나의 유리 감옥과 구릿빛 마개 속에서
너에게 빛과 우애가 가득한 노래를 들려주련다."

「포도주의 영혼」에서 보들레르가 읊는 술은 단순한 음료가 아니라, 긴 세월 동안 햇볕에 무르익고 농부의 땀과 정성으로 빚어져 '영혼'을 부여받은 술이다. 그 포도주는 방금 지하창고에서 꺼내져 시음되기 위해 식탁에 올려져있는 듯한데, 병 속에서부터 마셔지는 기쁨으로 노래한다. 인간의 가슴은 차디찬 지하창고보다 훨씬 따뜻하고 아늑하기 때문이라고 포도주는 고백한다. 그렇다고 인간의 뱃속으로 들어가는 것으로 포도주 영혼의 임무가 완결되는 건 아니다.

"네 매력적인 아내의 두 눈을 밝히고, 네 아들에겐 힘과 혈색을 돌게" 하는 포도주는 한갓 액체가 아니라 인간의 정서로 환생하는 영혼의 산물이 된다. 그러면서 기꺼이 "네 속으로 떨어지리."라고 외치는 포도주는 이제 불멸의 영혼이 되어 덧붙인다.

"우리의 사랑에서 마치 희귀한 한 송이 꽃처럼 신을 향해 용솟음칠 시가 탄생하도록."

포도주의 파란만장한 일생을 마치 살아있는 듯 읊은 시다. 보들레르는 이런 시를 만들어내기까지 포도주를 찾아서 혹은 포도주에 취해서 얼마나 파리 거리를 돌아다녔을까? 그런데 보들레르가 즐겨 마신 포도주 상표는 뭐였을까?

마르셀 프루스트가 "아무도 보들레르만큼 가난한 자들을 부드럽게 표현한 사람은 없다."라고 했듯이, 보들레르의 '포도주 영혼'이 축복하는 사람들은 멋진 궁전이나 화려한 레스토랑을 드나드는 귀족이나 부자가 아니라 춥고 외로우며 가난한 소외자들이다. 노동으로 지친 가난한 자, 길거리의 쓰레기를 뒤지는 넝마주이, 죄의식을 잊고 싶은 살인자, 절망감에 사로잡힌 고독한 자며 어디에나 있을 수 있는 사랑하는 연인이다.

그러니 포도주에 보들레르처럼 감정이입하기 위해서는 양주 코너에 멋지게 진열된 프랑스산 포도주를 떠올려선 안 된다. 내가 술을 마신 게 아니라 술이 나를 마셨던 한국의 소주나 노동 뒤에 마시는 걸쭉한 막걸리를 떠올려야 한다. 거대한 도시 파리의 '지저분한 쓰레기'를 뒤져야 하는 지치고 고달픈 삶을 살아가는 넝마주이는 포도주와 더불어 일상의 애환을 잊고, 고독한 자는 '희망'과 '젊음'과 '삶'을 부여받는 프랑스의 포도주는 넝마주이에게는 일상의 애환을 잊게 해주고, 고독한자에게는 희망과 젊음을 부여한다.
한국의 소주나 막걸리를 연상하면 된다.

다. 아내를 살해한 살인자에게는 '해방감'과 '자유'를 준다.

"아내가 죽었다. 나는 자유롭다! 이제 만취하도록 마실 수 있다.(「살인자의 포도주」 중 일부)" 아내로 묘사되는 일상의 구속과 속박으로부터의 탈출, 하지만 사랑의 잔해와 엇갈려 만들어내는 죄의식을 모두 잊은 채, "오늘 저녁 죽도록 취해선 두려움 없이 또한 양심의 가책도 없이 땅바닥에 쓰러져선 개처럼 잠들(「살인자의 포도주」 중 일부)" 천하에 혼자 남은 살인자의 유일한 동반자도 포도주다. 그러다 연인이 마시는 포도주는 "휴식도 없이, 멈추지도 않은 채, 꿈의 천국을 향해 줄달음질(「연인들의 포도주」 중 일부)"치게 하는 천국의 열쇠가 된다.

그런데 보들레르나 수많은 사람에게 천국의 열쇠를 제공했던 프랑스산 포도주가 예전 같지 않다. '포도주 하면 프랑스'라는 명성으로 1990년만 해도 세계시장의 40퍼센트를 독점하던 프랑스가 1999년에는 점유율이 30퍼센트로 줄어드는 등 난고를 겪고 있다. 세계 포도주 시장에서 이탈리아나 스페인 같은 기존의 경쟁국 외에도 1980년대부터 세계적으로 포도주산업이 오스트레일리아, 남아공, 칠레, 아르헨티나 등지로 확장되어 그곳에서 생산되는 포도주가 해외시장에 널리 보급되고 있다.

　해외시장에서 프랑스산 포도주 판매량이 줄어드는 대표적 이유로 소규모 생산자들의 마케팅 한계와 언어 장애가 꼽히는 점이 흥미롭다. 국제 중개업자들은 프랑스 포도주가 외국인 소비자들에게 '복잡하고 거만하고 강압적'이라 좀더 단순해져야 한다고 평한다. 무슨 말인고 하니 프랑스 포도주 이름이 너무 복잡하고 발음하기 어려운 데다 상표도 너무 많아 감별이 어렵다는 얘기다. 전통을 중시하는 프랑스 문화에서 포도주 역사와 지역적인 특색을 살려 만들어내는 '프랑스적 특성'이 외국에선 오히려 이해하기 힘든 수수께끼 같다는 것이다.

　프랑스의 포도주 관계자들은 새롭게 부각되는 포도주 생산국들을 '신세계'라고 부른다. 자신들의 전통과 자부심 넘치는 포도주와 구별하려는 지극히 프랑스적인 발상이다. 포도주 시장에도 세계화 여파가 미쳐 신세계 포도주들은 질보다 양에 치중하며 대량생산과 대량판매를 통해 저가로 보급되는데 프랑스 미식가들은 이를 '포도주의 예술도 모르는' 속된 기업정신이라며 혹독한 비평을 한다.

　그런데 신세계 포도주들이 마케팅에 성공하여 꾸준한 성장세를 보이는 와중이라 신세계라는 표현이, 오히려 기존 생산국가들에게 '시대에 뒤떨어졌다.'라는 어감을 준다는 것을 '뒤늦게' 깨달은 것도 아주 프랑스적이다. 이런 의견으로 한 포도주 전문 잡지는 '신세계'라는 표현을 아예 사용하지 않기로 했다는 재밌는 일화도 있다.

한편 신세계 포도주들은 당도를 비롯한 감미 제조법에서 훨씬 융통성을 보이고 있으며, 포장이나 명칭도 간단해 대중적이라는 평을 받는다. 그런 중에도 프랑스는 샴페인을 비롯하여 중·고가 포도주 시장의 챔피언 자리는 고수해오고 있으나, 저가의 대중적 포도주 시장에선 큰 타격을 받고 있다. 주로 신규 생산자나 영세 생산자층에서 받는 타격이며, 바로 보들레르가 읊은 포도주들이다.

이렇게 세계화 물결에 휩쓸리는 외수시장의 난관을 극복하기 위해서는 포도주 생산업계의 현대화가 절실한 판국이다. 그래서 프랑스 포도주업계는 '전통 고수'와 '상업성에 중점을 둔 현대화'를 어떻게 조율해나가느냐 하는 어려운 과제를 안고 있다. "아무리 그래도 그렇지, 다 이유가 있어서 해온 방법인데 그대로 지키자!"와 "눈물겹지만 현대화를 병행하자!"라는 소리들이 불거지고 있다.

생산과 판매가 정비례하지 않는 상황이라 부분적으로 기존의 포도밭을 파기해나가고 있는데, 풍작의 경사는 오히려 고충이 되는 게 현실이다. 이런 난관을 극복하기 위해서는 줄어드는 국외 소비를 국내 소비가 보충해줘야 하지만, 국내시장도 여건이 악화되고 있어서 설상가상이다.

포도주를 많이 마시기로 소문난 프랑스인들의 소비량 또한 요 몇 년간 부쩍 줄어들고 있다. '프랑스인들이 왜 나날이 포도주를 덜 마시나?'라는 의문에 포도주 생산업자들은 그동안 정부가 펼쳐온 과다한 '반알코올' 특히 '반포도주' 정책 때문이라고 분노에 차 답변한다.

프랑스는 1991년에 국민 건강을 위해 '에뱅법'을 만들어 과음과 흡연 예방책을 실시해왔다. 이 법은 알코올과 관련해서는 특히 연소자를 보호하고 과음을 예방하기 위해 알코올을 할인판매하거나 미화하는 상업광고를 금지하면서 알코올의 위험성을 알리는 홍보도 적극적으로 한다는 내용을 담고 있다. 예를 들면 알랭 들롱이 보들레르의 시를 읊으면서 포도주를 마시는 광고 같은 건 할 수 없다는 의미다.

특히 보건부가 반알코올 홍보에 앞장서왔는데, 여기에 자동차 사고율을 줄이기 위한 반알코올 정책도 보태졌다. 정부는 공익광고에 알코올의 이미지를 뚜렷하게 묘사하기 위해 적포도주를 단골로 등장시키는 등 자동차 사고와 음주의 관계를 특별히 강조하면서 안전을 기하는 논조를 펼치고 있다. 이제 포도주는 보들레르식의 피와 살이 되어 행복을 전하는 생명의 포도주가 아니라 자동차 사고가 났을 때의 '피'를 연상시키는 죽음의 이미지로 변하기 시작했다.

포도주 생산자들은 이런 정책들이 대중에게 포도주 이미지를 부정적으로 인식시키고 필요 이상으로 포도주 소비를 저하시킨다며, "보건부 장관은 음주 금지를 완화하라!", "포도주를 악마로 만들지 마라!"라며 시위한다. 그들은 포도주가 다른 술에 비해 알코올 농도가 그다지 높지 않을 뿐더러 화학주가 아닌 자연 음료이므로 적당한 음주는 건강을 해치지 않는다는 점을 강조하고 있다. 이 문제를 풀려면 프랑스의 전통과 생활 속에서 빼놓을 수 없는 '즐기는 포도주'의 이미지를 보전해야 한다고도 주장한다.

사실 포도주는 전통이나 문화의 이미지뿐 아니라 하나의 산업으로 프랑스 경제에서 막대한 비중을 차지하고 있다. 포도주는 프랑스 농업

생산량의 14퍼센트로 곡류 다음으로 높은 생산량을 차지하는 데다 전체 생산량의 3분의 1을 수출하고 있다. 그래서 수출 농산물로는 1위, 전체 수출 품목에서는 늘 10위 안에 들고 있는데 2000년의 경우만 해도 총 54억 유로의 매출액을 올렸다. 거기다 포도주 생산에서만 연간 20만여 명의 일자리가 생기고 중개업, 판매 종사자까지 합하면 일자리가 더 많아져 포도주는 일자리 창출에도 큰 역할을 하고 있다. 이런 상황에서 프랑스 포도주 정책은 '나라 경제냐, 국민 건강이냐?' 하는 아이러니한 선택의 기로에 있는데 여기에 대해선 정부 부서에 따라서도 의견이 다르다.

반알코올 광고. 프랑스의 포도주 산업은 예전만 못하다. 그 역시 전통을 고집하는 '프랑스적 특성'에서 기인한다.

그리고 보면 프랑스 포도주는 '전통이냐, 현대화냐?'에다, '경제냐, 건강이냐?'의 고민까지 보태며 고전하고 있다. 전례 없이 어려운 상황에서도 "우리 땅에 남아서, 우리의 직업을 지키길 원한다."라는 포도주 생산업자들의 외침에는 생존의 몸부림과 더불어 자부심이 배어있다. 프랑스의 자부심이자 전통인 포도주를 세계화 속에서 어떻게 살려가느냐 하는 문제는 오늘날 세계 도처에서 경제와 전통의 까다로운 방정식을 풀어야 하는 모두의 관심사기도 하다.

그런데 정말, 보들레르가 즐겨 마신 포도주는 뭐였을까?

레지스탕스의 프랑스어

"거울아! 거울아! 세상에서 가장 아름다운 언어는 뭐니?"

프랑스의 특색을 얘기할 때 빼놓을 수 없는 요소가 프랑스어다. '가장 아름다운 언어', '모국어를 남달리 사랑하는 프랑스인', '영어를 싫어하는 프랑스인' 등등 프랑스어와 프랑스어를 사용하는 프랑스인들의 태도에 관한, 정확한 출처도 알 수 없는 수많은 표현들이 있다. 유럽이 세계의 중심이었던 시절, 문화의 중심지인 프랑스의 공식어(프랑스에는 다양한 지역 언어들이 있다. 예 – 코르시카어, 브르타뉴어)가 한때 국제어의 자리를 차지했는데 그 영향이 현재까지도 이어지고 있다. '프랑코포니'는 그 좋은 예다.

프랑스는 1880년 프랑스 식민지들을 기반으로 '프랑스 언어와 문화 공동체'라는 지리적인 의미의 '프랑코포니'를 언급했다. 당시는 프랑스령 식민지에 일방적으로 프랑스 언어와 문화를 심는 데 주력했었다. 그러다 20세기 후반에 프랑코포니가 새롭게 탄생했는데 이전과는 달리 프랑스어와 프랑스 문화를 중심으로 문화연대와 정치·경제 협력을 추진하는 데 힘쓰고 있다. 프랑코포니는 영어권에 맞서는 프랑스어권 국가연합이라고도 할 수 있는데, 여기에는 제10회 정상회담이 개최된 2004년을 기준으로 55개국이 회원국으로 참여하고 있다. 2003년 프랑스 외무부 자료에 따르면 프랑스어는 전 세계를 통틀어 8000만 명이 모국어로 사용하고 있고, 모국어가 아니라도 프랑스어를 사용하는 인구는 총 2억 5000만여 명에 이른다고 한다.

19세기까지 제국어, 국제어, 문화어의 자리를 공고히 했던 프랑스어가 '문화의 다양성'을 기치로 내걸고, 경제어와 국제어로서 자리를 넓혀가는 영어에 저항하는 양상이 흥미롭다. 언어는 단순한 의사소통 수단만이 아니라 힘과 국력, 자존심을 상징하는 데다가 요즘은 그 나라의 경제력을 보여주기도 해서 한국의 '영어공용화 논란'처럼 씁쓸한 일화들을 만들기도 한다.

유럽 국가들이 참가하여 국가별로 노래자랑을 하는 '유로비전 송 콘테스트'에서도 세계화 시대 언어 논란의 일면을 엿볼 수 있다. 이 대회는 참가한 국가들의 시청자들이 매긴 점수를 합산하여 가수들의 실력을 평가하는 것인데 2003년 26국이 참가하여 대성황을 이루었다. 유럽연합보다 훨씬 앞서 참가 영역을 확장시킨 유로비전에는 동구권 참가국이 나날이 늘어가고 있으며, 유럽연합국이 되기 위해 반세기를 고전하고 있는(무슬림을 식구로 받아들이길 꺼리는 유럽인들의 심리를 짐작해봐야 한다) 터키를 비롯하여 서남아시아에 있는 이스라엘까지 참가하고 있다. 나라와 언어, 문화가 다른 수많은 나라에서 참가하는 가수들의 노래 경연이 재밌다.

유로비전 송 콘테스트 참가자들이 영어로 노래하는 경우가 갈수록 늘고 있으며, 특히 동구권 나라들이 그렇다. 거기다 원래 영어권인 영국, 아일랜드와 팝송 문화에 익숙한 북구까지 합하면 과반수를 훨씬 넘는 나라들이 영어로 노래하는 셈이다. 지금까지 그랑프리를 수상한 노래들은 거의 다 영어였으며, 2003년 그랑프리를 차지한 터키 가수도 영어로 노래했다. 참가자들은 언어권이 각기 다른 나라의 시청자들에게 점수를 받기 때문에 노래를 선택할 때 아무래도 가사 이해면에서 영어가 효율적이라는 점을 감안했을 것이다.

참가국 중에 언어에서 가장 두드러진 특색을 보이는 나라는 단연 프랑스다. 프랑스 참가자들은 한결같이 자국어를 고수한다. 스위스나 벨기에 참가자들이 프랑스어로 노래할 때도 있어서 그나마 유로비전의 프랑스어권 영역을 형성하고 있지만, 스위스와 벨기에는 다국어를 사용하기 때문에 항상 프랑스어로만 노래하지는 않는다. 2003년에는 스위스가 불참하고 벨기에 참가자는 플라망어로 노래했기 때문에 프랑스 참가자만 유일하게 프랑스어로 노래했다.

프랑스어 외에 또 다른 언어권을 형성하는 언어가 러시아어인데, 이전에 소비에트연방국이었던 나라들의 참가자들이 이제는 대부분 영어로 노래하고 있다. 러시아 참가자조차도 2002년에는 영어로 노래해서 유로비전 송 콘테스트의 프랑스 방송 해설자가 이렇게 비아냥거리기도 했다. "아니 세상에 저럴 수가? 러시아가 영어로 노래를 하다니?" 점수 때문에(?) 영어로 노래하는 나라들의 참가자들을 비난하는 프랑스는 그래도 그럴 만한 입지조건이 있다. 노래가 다 끝나고 점수를 매길 때 참가국 현지에서 점수 발표자가 영어로 점수를 부르면 사회자들이 프랑스어와 영어로 점수를 확인하는 등 아직은 프랑스어가 국제어로서 영향력을 행사하기 때문이다. 또 심사위원이 다른 나라와 달리 유일하게 자국어로만 인사하고 점수를 얘기하는 나라도 역시 프랑스다.

"봉수아르(저녁 인사).…"

유로비전의 경향(?)이 나 같은 문외한 눈에도 보이는데, 프랑스인들은 그런 경향을 무시하는 건지 아니면 아예 모르는 척하는 건지, 매년 한결같이 프랑스어로 유로비전에 참가하고 있다. 혹시 국어를 사랑하는 마음에 그랑프리에 대한 사심을 버린 걸까? 사실 유로비전 송 콘테스트에서 그랑프리 받자고 저버릴 프랑스어가 아니긴 하다. 그러기엔 지금의 프랑스어를 만들기까지 프랑스인들이 퍼부은 노력과 정성이 얼마나 많았겠는가.

현대 사회에서는 어느 나라든 외국어나 외래어를 섞지 않고 모든 걸 자국어로만 표현하기는 힘들 것이다. 하지만 프랑스는 외국에서 생산된 산업 발명품에도 새롭게 프랑스어를 만들어 붙이면서까지 외국어에 방어적인 정책을 취해왔다.

프랑스어로 컴퓨터를 '오르디나테르'라고 부르는데, 컴퓨터라는 단어를 쓰는 사람을 찾아보기 힘들 정도로 이 단어가 일반화돼있다. 그외에도 외국 영화를 프랑스어로 더빙하는 것은 물론이고 드림웍스, 디즈니랜드 등의 만화 영화 주제가도 프랑스어로 더빙해 상영한다. 그걸 보고 있노라면 마치 그 영화가 프랑스에서 만들어졌다는 착각이 들기도 한다.

새 학년이 시작되는 가을, 서점가에서는 매년 새롭게 만들어진 단어들을 실은 국어사전을 선뵌다. 그 사전에는 그해부터 공식적으로 프랑스어화된 외국어와 이런저런 사건으로 새로 탄생한 단어나 표현들도 함께 실린다. 프랑스어는 이런 노력과 정성으로 만들어지고 있다.

이렇게 되기까지는 물론 국민들과 프랑스어 학자들의 모국어 사랑이 있어서였겠지만, 프랑스어를 지키기 위한 법도 한몫했다. 바로 1994년부터 실시된 '투봉법(프랑스어 의무 사용법)'이 대표적인 예다. 언어를 "우리의 정체성이자 자산"이라고 규정한 이 법은 모든 정보 전달을 프랑스어로 하도록 강력히 요구한다. 예를 들어 한국에서 수입된 제품을 프랑스 시장에 팔려면 제품 설명서를 프랑스어로 표기해야 한다는 것이다. "국제어인 영어로 하면 되지 않느냐?"라고 버티다간 이해하지도 못하는 프랑스어로 잔소리깨나 들을 것이다.

이 법은 산업 분야뿐 아니라 학술 분야에서도 프랑스어로 저작할 것을 강조하여 모국어가 의식 발전의 모태가 될 수 있도록 하고 있다. 급격하게 세계화되던 때에 마련된 법인만큼 급변하는 세계 속에서 모국어를 주축으로 주체적인 의식을 잃지 말라고 강조한 '프랑스적 태도'를 엿볼 수 있다. 프랑스의 다소 지나친 자국어 보호 정책이 외국어 특히 영어 습득을 저해한다는 비판도 있지만 이런 노력과 정책이 프랑스를 프랑스적으로 지키는 데 기여하는 점은 확실하다.

언어를 갈고 닦기에 심혈을 기울이는 일이 때론 정치와 결부돼 재밌는 일화를 만들기도 한다.

(프랑스어 학습 준비!)

알다시피 프랑스어 명사는 성의 구별이 있어서 거기에 붙는 관사나 형용사도 성에 따라 달라진다. 프랑스어로 '장관'이라는 단어는 그 앞에 남성용 관사 'le'가 붙어 '르 미니스트르(le ministre)'다. 그래서 남성 장관은 '머시외 르 미니스트르(Monsieur le ministre)', 여성 장관은 '마담 르 미니스트르(Madame le ministre)'라고 부른다.

1997년 프랑스에 진보적인 조스팽 정부가 들어섰는데 조스팽 정부의 특징 중 하나가 장관급을 비롯하여 여성 정치인이 많다는 점이었다. 이런 상황에서 교육부가 주축이 되어 직업명도 여성화하는 작업을 권장했다. 그래서 '미니스트르'라는 단어가 양성을 가지게 되어 남성 장관은 '머시외 르 미니스트르', 여성 장관은 '마담 라 미니스트르'로 표기했으며, 공문에도 그렇게 했다.

이것은 기존 문법으로 보면 잘못된 것이다. 하지만 이 단어는 남성들만이 장관을 하던 시대에 태어난 것이므로 이젠 여성 장관이 대거 나오는 시대로 접어들었으니 관사 형태를 바꿔 장관의 성을 구별해야 한다는 주장이다. 이 의견은 여성운동의 선두에 서서 진보적인 새 문법 규정을 주장해온 여성 정치인들과 진보적인 지식인들에게 큰 호응을 얻었다. 그런데 이런 문법 규정을 장관 수준에서 어느 날 갑자기 바꿀 수 있는 게 아니므로 이 문제에 관해 아카데미 프랑세즈(프랑스 학술원)의 대가들과 보수, 진보적인 언어학자들 간의 의견이 당시 주요 언론에 실리며 논쟁을 일으켰다.

"장관은 일반 직업과는 달리 그 역할이 중요하므로 한때 여성 장관 혹은 남성 장관으로 바뀐다는 이유로 단어의 성까지 바꿀 필요는 없다."라는 것이 아카데미 프랑세즈의 의견이었다.

조스팽 정부가 물러난 2002년에 시라크 대통령하에 우익 라파랭 정부가 수립되었다. 그런데 재밌게도 우익 정부는 공문이나 연설을 통해 '마담 르 미니스트르'로 복귀 작업을 했다. 이런 일련의 일을 두고, 아카데미 프랑세즈의 서기 모리스 드뤼옹은 보수언론 <르 피가로>에 '라 미니스트르'를 반대하는 글을 실었다.

"조스팽 정부의 교육부는 역사상 처음으로 정부가 개입해 언어를 변형시킴으로써 단어의 성을 혼동시켰다. 그들은 중성 단어의 존재를 몰랐으며, 프랑스어 단어의 여성화 법칙도 이해하지 못했다. …잘못 쓰는 자는 잘못 생각하며, 결국 잘못 다스린다."

드뤼옹은 언어의 정치적인 사용을 혹독하게 비판하고 프랑스어 사용법에 대한 아카데미 프랑세즈의 권위를 강조했다(요즘은 '라 미니스트르'가 일반적으로 쓰인다).

보수냐, 진보냐 하는 정치적 입장이 언어 사용으로 나타난 일화인데, 언어 사용에 대해 진보와 보수의 입장이 다르다 하더라도, "잘못 쓰는 자는 잘못 생각하고 결국 잘못 다스린다."라는 논거는 프랑스에선 상당히 설득력을 가진다. 그만큼 프랑스에선 말이나 글의 명료성이 강조된다.

프랑스어의 오래된 수호자인 아카데미 프랑세즈는 프랑스어를 갈고 닦는 데 중심 역할을 담당하고 있다. 아카데미 프랑세즈는 1635년 루이 13세 시절 리슐리외가 창설했으며 지금까지 '프랑스어가 어떻게 쓰여야 하느냐?'를 고찰하면서 사전을 편찬하고 있다. 역사가 370여 년이나 되었으니 의례와 준칙이 얼마나 까다로울지는 익히 짐작할 수 있을 것이다. 아카데미 프랑세즈는 고정 위원 40명으로 운영되는데 위원은 종신직이고 프랑스어 역사에 길이 남기 때문에 '불멸의' 위원이라고도 불린다. 이런 전통과 권위에서 보수적인 학술원의 분위기를 충분히 엿볼 수 있는데, 그래서인지 사회 변화에 따른 언어 사용에 너무 보수적이라는 비판을 듣기도 한다.

지금까지 대문호를 비롯해 귀족, 성직자, 정치인, 학자, 장교 등 다양한 700여 명의 위원이 '불멸의 자리'를 스쳐갔다. 2004년 12월, 전 프랑스 대통령 발레리 지스카르 데스탱이 706번째로 입성했다. 당시 지스카르 데스탱은 78세였다. 불멸의 자리인만큼, 주로 위원이 사망했을 때 빈자리가 생긴다. 후임자는 입성할 때 소감을 밝히면서 전임자의 업적을 추모한다. 1841년 아카데미 프랑세즈 위원이 된 빅토르 위고의 연설문이 특히 인상적이다.

"…신중하게 장래를 염려하는 나라들은 그들의 혈액에 프랑스 사상의 열기가 오래 스며들도록 노력한다. 그 열기는 병(病)이 아니라, 굳이 표현하자면, 혁명을 보전하고 진보를 접종하는 일종의 백신이다. 프랑스의 영토(경제력)가 일시적으로 감축될 수 있다. 하지만 이건 신이 강, 대양, 산 등으로 경계를 표한 지구상에서가 아니라, 20년마다 다시 만들어지는 승리나 외교에 의해 울긋불긋 잡색으로 채색된 지도상에서다. … 만일 동맹, 수락, 국회 등이 하나의 프랑스를 만들었다면 시인들과 작가들은 또 다른 프랑스를 만들었다. 대국은 보이는 국경 외에도 보이지 않는 국경들을 가진다. 이 국경들은 인간이 그의 언어로 말하길 멈추는 곳, 다시 말해 문명화된 세상의 경계에서만 멎을 뿐이다."

19세기에 프랑스가 제국주의의 맹위를 떨치고 있을 때의 연설문인데, 20세기를 미리 예견한 듯하다. 이 연설에서 위고는 프랑스의 자부심은 세계를 정복한 나폴레옹에게 있는 것이 아니라 정의를 위해 비판하고 고민했던 지식인들에게 있다고 강조했다. 이렇듯 '진정한 국력의 의미'를 헤아려보며 고민하는 지식인들의 저항이 빛을 발하는 한, 위고의 말처럼 그 나라의 언어와 문화는 일시적인 경제력의 한계를 넘어서 문명의 이름으로 영원히 빛날 수 있을 것이다.

국교는 라이시테

'만일 학교에 키파(유대인 모자)나 터번, 차도르 등을 착용하고 등교하는 학생이 있다면 어떻게 해야 할까?'

일단은 학교에서 종교적 표징을 나타내는 게 허용되었는가가 문제겠는데, 이런 일은 어떤 환경에서 일어나느냐에 따라 다를 것이다. 이스라엘에서 키파를 쓰거나 이슬람 국가에서 차도르를 착용하는 것은 허용 논란을 운운할 여지도 없이 당연한 일이다. 그러면 한국에서는? 한국은 정교가 분리되어 있고 종교의 자유를 인정하고는 있지만, 이런 일은 거의 일어나지 않아서 아직까지 고민해본 사항이 아닐지도 모르겠다. 그렇지만 인종과 문화가 섞여있는 프랑스에선 이 문제가 아주 오래전부터 논란이 되어왔다.

프랑스에선 여성의 차도르나 그와 비슷한 머릿수건(이후 모두 '차도르'라 칭한다) 착용을 둘러싸고 자주 논쟁해왔다. 주로 공공기관에서 이런 논란이 제기되었는데, 그중에서 매스컴을 가장 많이 탄 곳이 학교다. 매년 새 학년이 시작되는 9월이면 차도르를 착용한 학생과 그것을 반대하는 학교 측의 충돌 얘기가 심심찮게 나올 정도였다.

2003년 9월, 파리 근교의 한 고등학교에서 수업시간에도 차도르 착용을 고집한 두 여학생이 정학당한 사건도 그중 하나다. 유대인 혈통의 무신론자인 아버지와 이슬람계 어머니 사이에서 태어난 이 자매는 자발적으로 이슬람을 택하고 생활양식을 따랐다. 이 사건은 변호사인 아버지가 두 딸을 변호하고 나서 더욱 세인들의 이목을 끌었다. 결국 이 사건은 두 학생이 학교 규율보다 종교적인 신념을 더 중시하여 학교를 떠나는 것으로 종결되었지만, 또 한번 '종교의 자유냐, 공화국 이념이냐?' 하는 사회적 논란으로 이어졌다. 이 논란은 이후 실행된 '종교적 표징 착용 금지 조처'의 전주곡이 되었다.

이 문제에 연관되는 것이 바로 국가와 종교의 관계다. 프랑스는 가톨릭의 전통을 가지고 있지만, 정교분리는 엄격하다. 정교분리에서 프랑스의 두드러진 특색이 '라이시테'다. 라이시테란 '의식의 자유'라는 기치를 내건 정교분리 정치사상이다. 1905년 입법화된 라이시테법은

1조 1항에서 다음과 같이 명기하고 있다.

"공화국은 의식의 자유를 보장한다. 공공의 필요에 의해서 이하 명기하는 몇 가지를 제외하고 신앙의 자유를 보장한다."

여기서 의식의 자유란 문자 그대로 인간 의식의 자유를 인정한다는 말로, 종교 선택의 자유뿐 아니라 무종교나 무신론을 비롯한 사상의 자유까지 포함하는 넓은 의미다. 이어 2항을 보기로 하자.

"공화국은 어떠한 신앙도 승인하지 않으며 신앙에 관한 재정을 보조하지도, 임금을 지불하지도 않는다. 이 법이 공포되는 1월 1일부터 신앙활동과 연관되는 모든 지출은 국가나 지방, 소도시 예산에서 삭제된다."

이 법은 국가의 재정 보조를 금지하면서까지 국가를 종교에서 완전히 분리하고 있다. 따라서 라이시테는 국가가 신앙의 자유를 보장한다는 내용을 포함하는 '국가의 비종교성', '종교와 사상에 대한 국가의 중용' 등으로 이해하는 것이 적절하다. 국가가 신앙의 자유를 보장하는 것은 현대 민주국가에서는 일반적인 현상이나, 프랑스의 라이시테는 타 국가들보다 훨씬 강경했다.

신구교의 피나는 갈등 이후 18세기 계몽주의 철학자들은 국가가 종교에서 독립하여 의식의 자유를 보장해야 한다고 주장했다. 『법의 정신』의 몽테스키외, 『사회계약론』의 루소, 평등이념에 기반하여 사회 진보를 주장한 콩도르세가 대표적인 인물이다. 혁명이 이 정신을 이었지만 정치적으로 혼란했던 19세기에 종교가 다시 권력과 손을 잡아 많은 뒷얘기를 낳았다.

1801년 나폴레옹은 교황 측과 정교조약을 체결해 "가톨릭교가 대다수 프랑스인의 종교임을 인정"함으로써 나라를 다스릴 기반을 다졌다. 이로써 국가는 교회를 재정적으로 지원(1808년부터는 신교와 유대교에도 적용되었다)하는 한편, 정부가 신부 임용에도 간섭하면서 교회 기능을 제한하는 동시에 가톨릭의 사회적인 통합 기능도 십분 활용했다. 이처럼 19세기 프랑스에서 가톨릭은 황제와 군주제의 부활 세력이나 반공화정 세력과 친밀한 관계를 맺었고, 기타 자유사상들은 공화정을 지원하는 분위기였다.

제3공화국(1875~1940년)이 되면서 정부는 힘을 강화하려고 부쩍 노력했다. 1880년대 초등교육 의무화, 무상교육을 실시하면서 내건 기치가 '라이시테'였다. 당시 교육의 비종교화 작업에 앞장선 인물이 정치인 쥘 페리였다.

"…첫 번째 목적은 학교와 교회를 분리하여 교사와 학생의 의식의 자유를 보장하고, 나아가 오랫동안 혼동되어온 두 영역, 곧 믿음과 지식을 구별하고자 함이다. 믿음은 개인적이고 자유롭고 가변적이며, 지식은 모두에게 공통적이며 필요불가결하다."

당시 페리가 학교에 보낸 공문 내용이다. 페리는 학교에서 종교수업을 없애고 지식교육을 하도록 강조했으며 교사도 교실에서 신앙심을 표출하지 말도록 했다. 이것은 획기적인 교육 정책이 아닐 수 없었다. 이처럼 라이시테는 우선 학교에서 공교육을 통해 시민들에게 널리 전파되었다. 이런 상황인지라 가톨릭 교육은 사교육으로 전통을 이어가는 방향을 모색하게 된다. 또한 공공장소에 걸려있던 십자가도 철거되고, 간단한 기도 예식도 없어지고, 가톨릭이 아닌 장례식도 자유롭게 할 수 있게 되었다.

그때까지도 가톨릭 전통이 강했던 사회 분위기를 고려하면 당시의 라이시테는 자유로운 신앙생활을 강조했다기보다는 반가톨릭적 성향이 강했다고 봐야 할 것이다. 그러다 정교분리를 못 박은 것이 1905년 '라이시테법'이다. 이 법은 특정 종교에 대하여 억제도 지원도 하지 않는 그야말로 중용적인 국가 입장을 공포했으며, 일종의 '종교의 민영화'를 예고한 것이기도 하다.

이미 정부는 1901년 '협회, 단체 결성의 자유'를 법제화함으로써 다양한 의식 표출의 발판을 마련해놓은 상태였다. 협회에는 신앙단체도 포함되므로, 신교나 유대교 단체는 '협회'로 등록하여 자유로운 신앙활동을 도모했다. 이제 종교는 하나의 '협회'로서 공권력의 관리하에 들어가게 되었으며 신앙생활은 문화활동 성격을 띠게 되었다.

현재 프랑스에 의도와 목적이 다양한 시민단체들이 수없이 많은 것도 이런 배경에서 연유한다. 국가는 실제로 신앙단체에 대한 재정 보조를 완전히 끊진 않았지만, 라이시테법 때문에 암암리에 비공식적으로만 행했는데 나중에는 협회, 단체들에게 보조금을 지불하는 것이 관행으로 바뀌어져간다.

제5공화국(1958년 이래 지금까지)에 이르러 프랑스는 헌법 1조에 "프랑스는 분할될 수 없으며, 라이시테적이며, 민주적이며, 사회적인 공화국이다. 인종, 종교, 출신의 구별 없이 모든 시민은 법 앞에서 평등하고 모든 신앙을 존중한다."라며 라이시테 정신을 헌법에다 명기했다. 이렇게 라이시테는 이제 100살을 넘기고 있다. 100년이 흐른 지금도 프랑스 공교육에서는 종교와 관련된 내용은 역사나 철학 과목에서만 다룰 뿐이다. 예를 들어 프랑스인들은 직무 중에 기도시간을 만들어 '기도하자.'라고 외치고 공석에서 툭하면 '신의 은총'을 들먹이는 부시 대통령을 '미국적'이라며 이해할 수 없다는 반응을 보인다.

라이시테는 국가가 사회의 다양한 의식에 중립을 지키고 시민들이 서로 똘레랑스를 표출하면서 공존하도록 기여해 '허용과 존중의 국가 프랑스'라는 이미지를 만드는 데 기여했다. 그런데 세월이 흐르고 시대가 바뀌면서 사회도 변했다. 그 사이 타 종교들이 많이 들어왔는데 그

중 이슬람은 신자 수가 500만여 명에 이르러 현재 프랑스에서 가톨릭 다음으로 거대한 종교로 자리잡았다.

다른 종교에 비해 이슬람이 두드러지는 이유는 공공기관에서 여성 무슬림들의 차도르 착용과 남녀를 구별하는 무슬림의 행동양식 때문이었는데, 논란은 주로 학교에서 생겼다. 학교 내에서 차도르 착용 문제가 부각된 것은 1989년이었다. 학교에서 라이시테 정신을 강조하며 차도르를 착용한 학생을 거부하자 그걸 반대하는 거리 시위가 이어졌다.

'다름'을 존중하고 포용하자며 '열린 라이시테'를 외치는 부류와 원칙을 강조하는 '닫힌 라이시테'가 팽팽히 맞섰다. 닫힌 라이시테 쪽에는 차도르 착용을 반대하며 여성의 자유를 외치는 여성단체들도 함께했다.

당시 정부는 "라이시테를 존중하며, 현장 책임자 선에서 해결할 것"을 권했다. 결과적으로 정부는 종교적 표징에 대하여 일률적인 조처를 내리지 않은 셈이다. 바로 이 이유 때문에 반대 측에게 단호하지 못한 어정쩡한 태도를 취했다고 비판을 듣기도 했지만, 법안에 얽매이지 않고 경우에 따라 융통성 있게 인본적으로 문제를 해결하려는 취지였다. 이후 종교 문제가 불거질 경우, 법이 따로 개입하지 않고 현장 책임자가 해결하는 관례가 생겼다.

그러다 보니 그야말로 '사데팡' 상황이라서, 차도르 착용이 전혀 문제가 되지 않는 경우도 있고, 문제가 돼도 쉽게 타협되는 때도 있는가 하면, 법정 소송으로까지 이어지는 때도 있었다. 이런 일이 부각될 때마다 반대 측 사람들은 강경한 조처나 법안의 필요성을 외쳤다. 이런 파동들이 이어져오다가 결국 2003년 종교적 표징 착용 여부가 도마 위에 올랐다. 그 당시 한 여론조사에 의하면 프랑스인 55퍼센트가 학교에서 종교적인 상징물 착용을 금지하는 법안에 찬성한 것으로 나타났다. 일반인뿐 아니라 정계도 좌우를 막론하고 법안을 만들자는 데 의견을 모았고, 차별을 피하기 위해서 특정 종교만이 아니라 모든 종교에 적용하자고 덧붙였다.

그렇게 해서 2004년에 "공화국은 라이시테 정신을 존중하기 위해 공교육기관에서 종교적 표징이나 의지를 드러내는 것을 금한다."라는 라이시테 보충법이 만들어졌다. 종교적 표징이 문제가 되는 경우는 극

소수인데 그 때문에 법까지 만들어야 하는가라는 반대도 적지 않았다.

2004년에는 학교에서 차도르 착용을 고집한 학생들이 퇴학 처분을 받았다. 연말에는 학교를 장식하는 크리스마스 트리까지도 '트리는 종교적인가, 아닌가?'라는 등 논란이 되어 '모든 종교적 표징 금지 조처'는 이런저런 웃지 못할 일화들을 만들기도 했다. 2005년 4월 교황 요한 바오로 2세가 서거했을 때, 공공기관에 조기를 게양하도록 한 정부의 조

■ 라이시테 보충법에 반대하는 이슬람 여성들이 "프랑스는 인권의 나라로 남아야 한다."라고 적힌 피켓을 들고 시위하고 있다.

처에 대해 정치적으로 부당하다는 반대의 소리가 일기도 했다.

라이시테는 '모든 종교'에 해당하는 법이지만, 결과적으로 라이시테에 적응해온 종교들보다 뒤늦게 사회에 대두된 종교들, 특히 종교적 표징이 눈에 띄는 종교에게 큰 타격을 주는 법이다. 그래서 특히 프랑스 내 이슬람단체들이 '반이슬람적'이라는 이유로 이 법 제정을 완강하게 반대했고, 이슬람 국가들도 이를 비난했다.

여기서 좀더 따져보면, 프랑스와 이슬람의 '불편한' 관계는 결코 최근에 이루어진 것이 아니다. 북아프리카의 여러 이슬람 국가들은 프랑스의 식민주의 역사에 엄연히 존재했다. 그런데 지금에서야 새삼스럽게 '라이시테'가 논란이 되는 데 대해 9·11 사태 이후 세계 정세를 고려해볼 수도 있을 것이다.

종교적인 표징 착용을 법으로 금지하는 일이 공화국 이념을 수호하는 공정하고도 중립적인 조처이기를 바라지만, 어떤 식으로든 종교의 자유를 법으로 제압해서는 안 된다는 우려는 되레 종교계에서 일었다. 일부 지식인들도 라이시테 정신을 존중하면서 인본적으로 해결해가던 열린 라이시테가 보충법을 적용시키면서 오히려 닫힌 라이시테가 되고 있다며, 라이시테 보충법에 똘레랑스가 부족하다고 우려를 표했다. 닫힌 라이시테는 1905년 라이시테가 합법화되기 전 프랑스 사회의 분위기였기에 역사의 후퇴라는 의견도 있다. 그런가 하면 정계 일부에서는 다시 이전처럼 정치와 종교를 융통성 있게 화합시키자는, 라이시테 자체를 재고하자는 소리도 일고 있다. 이처럼 라이시테 논란은 '라이시테 재고', '열린 라이시테', '닫힌 라이시테' 등으로 앞으로도 계속될 것으로 보인다.

프랑스의 가치 이념 자유, 평등, 박애는 21세기에 어떤 식으로 발휘될까?

'의식의 자유'를 강조하며 실시된 라이시테 100년의 결과가 모든 의식에 앞서 '라이시테'를 우선시하는 상황이 된 것을 지켜보면서, 마치 라이시테가 프랑스가 신봉하는 '국교'가 된 듯한 느낌이 들기도 한다. 9·11 사태 이후 세계적으로 국가와 종교의 움직임이 심상치 않은 상태에서 프랑스의 라이시테 파동은 다른 국가들의 남다른 관심을 모았다.

21세기엔 종교가 부활될 것이라고 예견하는 석학들이 꽤 있다. 종교와 권력은 서로 얽혀 시대를 번영시키기도 했지만 피의 역사를 남기기도 했음을 상기해보면, 프랑스뿐 아니라 세계 각처에서 대두되고 있는 종교와 정치 문제는 앞으로도 주의 깊게 지켜볼 일이다.

5 반항, 그 생존의 이유

"정확한 단어로 얘기하고 모든 음절을 발음하고
하루 종일 식탁에서 지내고 이해도 안 되는 메뉴가 있고
포도주를 물처럼 마셔대고 15분마다
거리 구석구석에서 시위를 하고
미친듯 달리는 택시 운전사들 아주 작은 찻잔, 거대한 재떨이"

반항, 그 생존의 이유

실존주의 철학을 꽃피운 나라답게 프랑스에선 자신의 의견을 외치는 소리를 자주 듣는다. "농(NON)! 우리에게 금지하는 것을 금지한다." 이것은 젊은이들이 자유의 이름으로 금기와 금지를 반대하며 거리로 나서서 외쳤던 1968년 5월의 함성이다. "농! 르펜! 우리는 모두 이민자의 후손이다." 또한 이것은 2002년 5월 대선 2차전을 앞두고 극우당 르펜을 반대하기 위해 거리로 나선 사람들의 구호다. 인종차별을 부르짖는 르펜에 맞선, 프랑스적 가치를 되새기자는 각성의 함성이다.

   이 두 개의 '농'은 프랑스 사회의 변화상을 나름대로 엿보게 한다. 둘 다 당시의 상황에서는 절박한 함성이었지만, 그 의미가 사뭇 대조적이다. 전자가 자유를 갈구한 반대라면, 후자는 이대로 극우를 방치하지 말자는 소리이기 때문이다.

'거절'이나 '거부'만으로 '농'을 외친다면 그 사회는 대립만 악순환 될 것이다. 그런데 그보다 더 나쁜 상황은 '농'을 외치지 않으면 안 되는 환경이 거듭되는 경우와, 다른 방안이 없어 '거절'만이 유일한 저항 방법이 되는 경우일 것이다. 하지만 그조차도 아직은 거부를 표출할 만한 환경이 조성되어있다는 것이니 최악의 상황은 아니다.

세계화 물결이 지구를 휩쓸고 있는 이 시대에 인간이 내지르는 반대의 함성들은 어딘지 서로 닮아있다. 거절이나 반대가 세상을 개선할 수 있다는 희망을 품고, 무엇을 위해, 왜 반대하느냐를 염두에 두면서, '나'와 '우리'를 되돌아보게 하는 '그들'의 반항의 목소리를 들어보자.

그림자 없는 햇볕은 없으므로 우리는 밤을 인식해야만 한다.
부조리한 인간은 긍정적으로 말하지만 그는 결코 노력을 멈추지 않는다.
개인의 운명은 있지만 우월적인 운명은 없으며,
단지 숙명적이고 경멸적이라고 판단되는 운명만 있을 뿐이다.
그 나머지에 대해서 인간은 자신이 삶의 주인임을 안다.
_ 알베르 카뮈

Non!고로 존재한다

잠시 독서를 멈추고 '프랑스' 하면 연상되는 다섯 가지만 떠올려보자.

1.
2.
3.
4.
5.

에펠탑, 샹젤리제, 파리, 센 강, (지금은 운행이 중단되었지만)콩코드 비행기, 테제베(TGV), 시라크, 축구 팀, 루브르 박물관, 시민혁명, 나폴레옹, 포도주, 프랑스어, 샹송, 사데팡, 똘레랑스, 연대, 요리, 바게트, 베레모, 지하철, 보들레르, 알랭 들롱, 브리지트 바르도… 여러 가지가 있겠다.

파리를 여행한 적이 있는 사람은 이 말들 앞에 다양한 수식어를 덧붙일 것이다.

오늘도 비…
파업하던 지하철…
화장실 찾아 헤맸던 산책길…
먹다가 입천장 벗겨진 바게트…
작고 낡은 호텔 방구석에 있던 세면대…
훔쳐놓은 유물이 수두룩했던 박물관 루브르…
거리 산책하다 개똥 밟아 쩔쩔맸던…
(너무 부정적이라구요?)

다음으로 프랑스에서 한동안 살아본 적이 있는 사람이라면? 아마도 '시위' 즉 '농'의 행렬을 맨 먼저 떠올리지 않을까.

"정확한 단어로 얘기하고 / 모든 음절을 발음하고 / 하루 종일 식탁에서 지내고 / 이해도 안 되는 메뉴가 있고 / 포도주를 물처럼 마셔대고 / 15분마다 거리 구석구석에서 시위를 하고 / 미친 듯 달리는 택시 운전사들 / 아주 작은 찻잔, 거대한 재떨이"

캐나다 퀘벡 출신 가수 린다 르메의 샹송 「저주스런 프랑스인들」의 일부분이다. 퀘벡인에게 비친 프랑스인들의 말투, 식습관, 시위문화, 운전 습관 그리고 진한 커피와 지나친 흡연 등으로 상징되는 프랑스인들의 일상을 묘사하고 있다. 이 노랫말에도 나와있듯이 프랑스에선 시위와 파업 소식이 일 년 내내 끊이질 않는다. 특히 수도인 파리에선 시위가 일상적이다.

2005년 초 파리 시청의 고민도 바로 '시위'였다. 파리가 2012년 하계올림픽 유치 후보 도시여서 3월에 올림픽 개최 심사위원들이 방문하기로 되어있었는데 그 기간 중에도 시위가 예정되어있었기 때문이다. 어떤 노조는 시위를 취소했는가 하면, 어떤 노조는 되물릴 수 없다는 태도를 보였다. 파리시장 들라노에는 "모든 노조들이 올림픽 유치를 지원하고 있으나, 2012년까지 민주주의를 멈출 수는 없다."라는 입장을 보이며, 사회운동이지 올핌픽 유치 반대운동이 아님을 강조했다. 올림픽 준비위원들 사이에서도 "오히려 국가 이미지광고도 되어 이중적인 효과를 보게 되니 잘됐다."라는 의견을 보이기도 했다. 막는 게 역부족인 환경에서는 '더불어' 해낼 수밖에 없다는 의지를 잘 보여준 사건이었다.

시위 이유로는 연금제 · 세제 · 실업 · 고용 문제 등과 같이 시위당사자와 직결되는 것들이 있는가 하면, 인권수호 · 전쟁반대 · 평화수호 같은 더 넓은 의미의 범인류적인 것도 있다. a는 자기한테 이래라 저래라 한다고, b는 이러저러한 것은 인간이 할 짓이 아니라고, c는 지구 미래를 위해 이런 것은 근절되어야 한다는 등 여러 가지 이유로 동료 · 동반자 · 어린 자녀와 함께 남녀노소 구별 없이 거리에 나와서 '농'을 외친다.

시위의 생활화는 다양한 시위문화를 낳아 가장무도회 같은 구경거리 시위가 있는가 하면, 방금 지나간 시위대에 반대하며 이어지는 시위도 있다. 그래서 "프랑스는 프랑스인들에게"를 외치며 극우파 시위대

1. 시위하는 데는 남녀노소가 따로 없다.
2. 음료수 컵으로 꾸민 모자를 쓰고 시위하는 남자. 문화와 예술의 나라 프랑스답게 시위에 특이한 복장으로 참가하는 사람이 많다.
3. 경찰들의 시위 장면. 십자가에 못박힌 경찰 허수아비를 내세워 열악한 근무 조건을 시사하고 있다. 그런데 경찰의 시위는 누가 통제할까?

가 지나가면 곧이어 "인종차별주의자들은 물러가라."라며 인권단체들이 뒤를 잇기도 한다.

국민생활과 연관된 개혁안이 발표되면, 시위는 따놓은 당상이다. 개혁안을 내놓는 게 정부의 임무라면, 개혁안이 맘에 안 들어 그것을 반대하는 건 국민의 권리이므로 자신의 권리를 보호하기 위해 거리로 나서고, 오늘로 불충분하면 내일, 모레로 이어진다.

노조와 인권단체를 비롯한 다양한 시민단체들이 연대해 시위를 뒷받침한다. 직업이 세분되고 사회가 복잡해지면서 사람들은 직업은 달라도 서로의 고통은 닮았기 때문에 연대의식을 갖는다. 그래서 연대의식은 개인과 사회를 연결하는 접착제 역할을 하고, 그 접착제에 이끌려 사람들은 거리로 나와 '농'을 외친다.

그러다 대화가 이루어져 협상점을 찾기도 하지만, 그렇지 못하면 파업으로 이어져 나라의 일부가 마비되기도 한다. 노조 파업으로 대중교통이 마비되고, 병원 서비스가 중단되고, 학교가 문을 닫기도 한다. 거리에 쓰레기가 산더미처럼 쌓이면 청소부들이 파업하는 것이고, 지하철역이 전에 없이 북적대면 지하철 일부가 파업하고 있다는 의미다.

시위나 파업이 일상이 되면 그것과 함께 사는 지혜도 필요하다. 프랑스인들은 대중교통수단 파업 땐 롤러스케이트나 자전거를 이용하고, 파업하는 교사들은 학부모들이 대신하기도 하다. 또 파업으로 인해 파생되는 문제로 새삼 당황해하지도 않는다.

"아시다시피 프랑스 일기사 측이 파업해서 오늘 일기예보는 맞을 확률이 낮지만…." - 일기예보 방송의 코멘트

"대중교통 노조의 파업으로 교통이 원활하지 않을 때도 아주 잘 소통되는 것이 있습니다. 그것은 바로 파업 현황을 알리는 정봅니다.…" - 뉴스에서 파업 소식 관련 코멘트

"프랑스인들은 하늘 한 번 쳐다보고는 좀 화난 얼굴로 그 상황을 감수하면서 조용히 가버린다. 그러나 외국인들은 무슨 영문인지 몰라 좀더 머뭇거린다. 다소 어이없어 하는 외국인들을 보노라면 프랑스인으로서 약간 수치스러워진다. 관광객들은 우리나라에서 공공서비스가 언제든 노조에 의해서 중단될 수 있다는 걸 알지 못한다." - 루브르 박물관 노동자들이 파업했을 때 보수언론 <르 피가로>(2001년 3월 27일)에 실린 사설

중 일부

파업으로 생활의 불편을 겪지만 사람들은 시위나 파업 자체에 반감을 보이지 않으며 '덤덤하게 감수'한다. 2003년 봄 교육 개혁안에 반대한 교사들이 지역에 따라서는 한두 달간 지루하게 파업했어도 여전히 시민의 60퍼센트가 교사 편에 동의하는 입장을 보였다. 나에게 권리가 있듯이 그들도 그렇다는 것이다.

국가 이익이 곧 국민의 이익이지만 국민들을 소외시킨 개혁은, 곧잘 국가와 국민의 충돌 원인이 되기도 한다. 국민이 대통령과 국회의원들을 선출한 것이 민주주의이듯이, 비슷한 생각이나 뜻을 가진 사람들이 모인 단체들이 자신의 의견을 표현하며 끊임없이 투쟁하는 것도 민주주의기 때문이다. 그래서 침묵이 아니라 '농'이다.

끊임없이 거리에서 '농'을 외치는 프랑스인들에게서, 산꼭대기에 이르러선 바위와 함께 영락없이 미끄러져내려도 또다시 바위를 짊어지고 산으로 오르는 시지프의 모습을 본다.

미국처럼 되기 싫어!

유독 맥도날드를 싫어하던 친구가 있었다. 연구과제를 의논할 겸 맥도날드에서 만나자는 내 말에 고개를 절레절레 흔드는 친구에게 나는 슬쩍 심술이 나서 "하여튼 프랑스인들은…. 아무리 미국이 맘에 안 들어도 그렇지, 먹는 거 갖고 그렇게까지 법석 떨 건 없잖아?" 했더니, 친구는 '그냥 싫다'가 아니라 '정말 싫다'는 걸 설명하기 위해 일장 연설을 했다.

친구는 자신은 분위기 있는 곳을 좋아하는 부르주아가 절대 아니고 오히려 노동자 부모를 둔 검소한 집안 출신이며, 맥도날드가 싫은 건 미국이 싫어서가 아니라 음식 맛도 없으면서 마냥 북적대고 손님도 전혀 배려하지 않는 데라서 그렇다는 것이다. 그렇다는 데야 어쩌겠는가. '정말 싫어하는구나!' 싶어서 우리는 맥도날드 대신 조용한 카페로 향했다.

맥도날드와 콜라는 미국을 상징한다. 그래서 세계화 경제 정책으로 피해 입은 농민들이 맥도날드 앞에서 시위하는 일도 종종 있다. 그래도 특히 젊은층에선 맥도날드 음식이 아주 잘 팔리고 있지만, 프랑스에선 패스트푸드 음식문화를 싫어하거나 혐오까지 하는 이들도 적지 않다. 단지 그런 음식들이 미국을 상징해서라기보다는 나의 친구처럼 자신의 음식문화나 취향과 맞지 않기 때문이다. 프랑스는 인권을, 미국은 자유를 강조해서인지 프랑스와 미국 문화는 아주 다른 것들이 많다.

앞 장에서 언급한 바와 같이 프랑스는 정교분리 전통을 이어가며 '라이시테'를 강행하고 있는 반면, 미국은 오히려 정교를 불가분의 관계로 이어가는 것만 봐도 두 사회의 사고방식이나 분위기가 얼마나 다른지 알 수 있다. 굳이 까다로운 정치 현상이 아니라도 영화에서도 차이점은 현저하게 드러난다. 프랑스 영화는 어떤 상황 속의 '인간'과 일상에 초점을 맞춘 것들이 많지만, 할리우드 영화로 대표되는 미국 영화들은 인간보다는 주로 '사건'에 초점을 맞추고 있다.

"할리우드 영화는 수많은 영화 중 하나일 뿐이다. 작가들은 아리스토텔

레스 시대부터 이어져온 진부한 유행의 얘기를 시나리오화 한다. 줄거리는 세 부분(전개, 발달, 해결)으로 이루어지는데, 주인공과 그의 적을 설정하여 관객들이 주인공과 자신을 동일시하도록 한 다음 영화는 대개 극적이고 긍정적으로 문제가 해결되면서 끝난다(해피 엔딩). 그리고 주인공은 대중의 지지를 받는 남녀배우로 환생된다(스타시스템). <르 누벨 옵세르바퇴르>

할리우드 영화의 대체적인 체계를 묘사하고 있는데, 할리우드 영화는 특수효과가 지나치고, 지나치게 폭력적이고, 비인간적이라는 비판을 자주 듣는다. 그러나 이런 건 보는 사람의 취향 나름일 테니, 어느 게 '낫다'는 식으로 우열 비교할 사항은 아닐 것이다.

그런데 프랑스와 미국의 문화 차이에서 비롯된 흥미로운 일화들이 많다. 그중 하나가 2004년 1월에 일어난 '물레 사건'이다. 물레라는 프랑스 청년이 도미니카공화국으로 여행을 갔다가 돌아오는 비행기(아메리칸 에어라인) 안에서 화장실에 오래 머문 탓에 승무원에게서 심한 감시를 받았다. 물레는 농담조로 "설마, 내가 화장실에 폭탄이라도 숨겨났다고 생각하는 건 아니죠?"라며 농담을 했다. 그런 상황에선 예사로운 프랑스식 농담이라고도 할 수 있었다. 하지만 그 발언 후 물레는 비행시간 내내 더 심한 감시를 받아야 했다. 화가 난 그는 파리행 비행기로 갈아타기 위해 중간 기착지인 뉴욕에 내리면서 승무원에게 또 한 번 농담을 던졌다. "제기랄! 그게 안 터졌군!"

물레는 그 발언 때문에 뉴욕에서 곧장 경찰서로 연행되어 감옥으로 이송되었다. 죄명은 '폭탄 허위 경보'였는데, 미국에선 최고 4년형까지 받을 수 있는 죄목이었다. 이 사건은 곧장 뉴욕 주재 프랑스 대사관에 통보되었고, 프랑스-미국 간의 외교 사건으로 불거질 조짐을 보이면서 프랑스 언론에 보도되었다. 외무부는 "자국민이 해외에서 겪은 부당한 일"이므로 사건 해결을 위해 최선을 다하겠지만, 외교 문제로 해석할 일은 아니라고 설명했다. 물레는 현지에서 거의 3주간이나 억류되었다가 프랑스 외무부 노력에 힘입어, '허위 경보'가 아닌 '비정상적인 처신'으로 판정되어 벌금만 치르고 풀려났다.

파란만장한 휴가를 보내고 파리공항에 도착한 물레는 기자들 앞에서 '그 젊은 나라' 미국을 떠나 '이 늙은 나라' 프랑스에 도착한 안도감을 눈물을 머금은 채 피력했다. 이 사건을 외무부 측에서는 "국적에 상관없이 9·11 사태 이후 안전 문제에 민감해진 미국 측의 좀 심한 견제일 뿐"이라는 입장으로 종결했다. 하지만 물레의 변호사는 "미국 내에 존재하는 반프랑스 기운을 보여주는 양국간 외교적 사건임에도 불구하고 외무부가 인정하지 않는다."라고 불만을 토로했다. 그리고 물레는 "생전에 다시는 가보고 싶지 않은 나라, 미국"이라며 치를 떨었다.

"프랑스가 반미의 나라인가?"라는 질문에 단정적으로 답할 수는 없지만, 프랑스에서 '미국처럼'이라는 표현은 복합적인 의미를 내포한다. 그건 한국에서 '미국처럼'이라는 말의 어감과는 분명히 다른데 훨씬 냉소적이며 비판적인 어조다. 정치개혁을 반대하며 거리로 나선 시위대의 분노 섞인 구호 중에는 "미국 같은 미래를 원치 않는다!"라는 외침이 적지 않은데, 인간보다는 자본에 중점을 둔 정치개혁에 반대한다는 의미다.

물레 사건에 미국과 프랑스의 외교적 알력이 미묘하게 작용했는지는 알 도리가 없지만, 그 여파가 컸던 데는 이 사건이 이라크 전쟁 후에 일어났다는 점을 무시할 수 없다. 9·11 사태 직후 어느 나라보다 먼저 미국으로 달려갔던 시라크 대통령이지만, 이후 이라크 전쟁이 터지면서 프랑스와 미국 간에 외교적 알력이 불거졌다. 결국 프랑스에서는 "우리 모두 미국인이다."에서 "우리 모두 반미국이다."로 구호가 바뀌었다.

부시 정권이 들어선 이후 미국 정치동향에 대해 프랑스인들의 관심이 높아져 출판계에서는 반미나 반부시는 물론이고 미국의 쇠퇴나 몰락의 운을 떼는 책들이 부쩍 늘어났다. 미국의 대외관계와 세계관에 대한 고찰과 반응들이 그런 식으로 나타났다고 볼 수 있다. 자국의 이익을 추구하는 데서 생겨난 미국의 패권주의적 동향에 대한 지식인들과 언론의 비판 그리고 국민들이 만들어낸 복합적인 '반미'와 '반부시' 반응이었다.

"러시아는 용서해주고, 독일은 무시하고, 프랑스는 처벌한다."

2003년 봄, 이라크 전쟁이 강행되었을 때 프랑스, 독일, 러시아가 반전 노선을 취한 것에 대해 당시 백악관 국가안보 보좌관이었던 콘돌리자 라이스가 한 발언이다. 라이스의 발언은 이라크 전쟁 전후로 미국과 의견을 달리한 프랑스가 미국 정부와 언론에게서 들었던 수많은 비난 중 하나였을 뿐이다. 그렇게 프랑스와 미국 간의 불편한 관계가 지속되던 중에 부시가 대통령 선거에서 재당선되자 프랑스인들은 실망을 금치 못했다. 미 대선에서 미국인들이 '부시냐, 케리냐?'로 끝까지 서스펜스를 느낄 때도, 프랑스 언론들은 오래전부터 망설임 없이 '반부시-친케리'를 표방했다.

선거 직전 <르 피가로>는 「프랑스인들 케리에게 투표하다」라는 제목으로 미 대선에 관한 프랑스인들의 여론조사 결과를 일면에 대문짝만 하게 실었다. 11퍼센트 대 71퍼센트로 부시는 이 여론조사에서 참패했는데 답변한 프랑스인 중 82퍼센트가 "테러리즘 증가와 세계 정세 불안의 책임이 부시에게 있다."라고 대답해, 프랑스의 '반부시' 기운을 역력히 보여주었다. 의견을 일치하기 어렵기로 유명한 프랑스지만 이라크 사태 때는 정부, 국민, 언론이 '반전'으로 보기 드물게 뜻을 모으기도 했다. 당시 시라크는 지지율이 70퍼센트를 넘을 정도였다.

부시 재선 후 진보언론 <리베라시옹>은 「제국이 더 악독해진다」라는 기사로 1면을 장식한 후, 「혁명」이라는 제목의 사설을 실었다.

"텍사스 입양인을 선택한 것은 바로 미국이다. 근본적으로는 국가주의적이지만 대부분 시골과 교외에 자리하고 있는 대중적인 또 하나의 미국. 무엇보다도 안전 문제에 관심을 가지고, 기독교의 근본적인 가치들로 똘똘 뭉쳐있는 미국, 이 두 가치는 바로 부시 표의 원천이기도 하다. 다른 세계가 그들을 어떻게 생각하든 관심도 없는 대륙의 미국(남부와 서부 그리고 대초원 지역). 게다가 반세기 동안 이루어진 문화개혁에 대한 똘레랑스조차 싫어하는…"

〈워싱턴타임즈〉에 실린 프랑스 제품 보이콧 광고. 이라크 전쟁을 반대하는 프랑스를 괘씸하게 여긴 미국에선 국회의사당 식당 메뉴의 '프렌치 프라이'를 '프리덤 프라이'라고 바꾸는 등 안티프랑스 운동이 이어졌다.

부시를 지지하는 '대륙의 미국'이 프랑스로서는 이해하기 어렵지

지구촌 곳곳에서 자행되는 테러에 세계가 떨고 있다. 테러를 대비해 파리 시청 앞 쓰레기통은 투명하다. 대다수 프랑스인들은 테러리즘의 증가와 세계 정세 불안의 책임이 부시에게 있다고 생각한다.

만, 엄연히 존재하여 부시Ⅱ를 낳았다는 게 미 대선 결과를 보는 프랑스 언론들의 반응이었다. 지난 4년간 부시를 익히 보았고, 미국과 세계의 어느 정부보다도 외교적으로 충돌이 심했던 프랑스 정계는 부시의 재선에 대해 좌우파를 막론하고 반기는 이가 드물었다. 대신 그 많은 단점에도 불구하고 부시를 재선시킨 '아리송한' 미국에 맞서서 '강력한 유럽 만들기'에 대한 의지를 세우는 것으로 미 대선 결과의 여파에 대한 우려를 표출했다.

'강력한 유럽'을 외치는 중심 인물인 시라크는, 부시에게 보낸 다소 형식적인 당선 축하편지에서 '대화'와 '협조'를 강조하며 '민주주의'와 '자유'를 장려하자고 썼다. 하지만 대화와 협조가 이루어지기 위해서는 다원주의를 외치는 유럽이 아니라 일원주의를 고집하는 부시 정권의 태도가 바뀌어야 하니, 결국 두 나라의 관계는 미국에 달린 셈이다.

사실 미국과 유럽은 세계관에서도 크게 다르다. 부시의 1차 임기 동안 전쟁을 두 번이나 치르며 전쟁 논리를 키운 미국과 반대로 20세기에 두 차례 대전을 겪은 유럽은 대화와 협조에 의한 평화 논리를 키울 수 밖에 없었다. 그래서 탄생한 것이 '유럽공동체'고 '유럽연합'이다.

'유럽화'와 미국식 자유에 의한 '세계화'는 둘 다 경제성장에 중점을 두고 있지만, 유럽연합은 각 나라의 문명과 가치를 존중하면서 경제적 상부상조를 주창하는 데 반해 미국은 미국식 헤게모니로 세계질서를 잡으려 한다.

평화를 수호하고 협조를 강조해왔으므로 유럽은 비무장을 지향해 왔다. 그러나 미국은 냉전 시대에 북미와 유럽의 안전을 기한다는 대외적인 명목으로 나토(NATO)를 키워왔다. 미국은 자국의 방위를 걱정하는 동유럽 국가들의 나토 가입을 권장하며, 나날이 세계를 무장해갔다. 나토는 냉전 시대가 끝난 지금도 건재하며 유럽연합 이상으로 확장되었는데 유럽의 독자적 방어와 안전 정책 수립을 불가능하게 하여 이전에 소련에게 했듯이 이젠 유럽이 하나 되는 것을 억제하고도 있다. 여기에 경제력을 내세워 미국은 대다수의 동·서유럽 국가들과 불가분의 관계를 맺고 있다.

"당신들은 유럽을 독일이나 프랑스처럼 생각하는데, 내가 보기엔 그건 늙은 유럽일 뿐이다. 유럽의 많은 나라들을 보라. 그들은 프랑스와 독일

측에 있지 않다. 그들은 미국과 함께한다."

이라크 전쟁 때 참전 캠페인을 벌이던 당시 미 국방부 장관 도널드 럼스펠드의 발언으로 바로 지금 유럽연합의 상황을 피력하고 있다. 사실 이라크 전쟁은 유럽연합 25국 확장을 앞둔 시점에서 전쟁 찬반 진영으로 유럽 국가들을 분열시킨 치명적인 사건이기도 하다.

복잡한 정치외교 세계에서 국익을 위해서도 꾸준히 반미나 친미만을 고수할 수 없다는 건 상식이다. 그래서 프랑스 외교를 단지 반미나 친미로 해석해선 안 된다. 프랑스는 국익을 위해 친미, 반미 감정을 어떻게 조율할지 고민하는데 이런 태도를 객관적으로 파악하면 우리의 정치외교에 '참고(모델이 아닌)'가 될 것이다.

20세기 프랑스 역대 대통령 중 '모국을 지극히 사랑한 대통령'으로 드골과 미테랑을 꼽는데 이들은 친미와 반미 감정을 대외 정책에서 잘 활용하였다. 드골은 "자신이 원하는 프랑스"를 사랑했고, 미테랑은 "있는 그대로의 프랑스"를 사랑했다고 회자되는데, 이 두 인물이 국제무대에서 모국을 사랑한 방법이 주목된다.

드골은 앵글로색슨족이 장악한 나토를 분권하기 위해 힘쓰다가 받아들여지지 않자, 1959년 나토 탈퇴를 선언했다. 드골은 미국에 의존하는 프랑스의 '안전'이 아니라 스스로에 의존하는 안전이어야 함을 강조하며, 이를 위해 "아무도 우리를 침략하지 못하도록 핵무기를 갖추어야 한다."라고 표명했다. 핵무기 제조 기술은 미국의 히로시마 원폭 직후 프랑스에서도 드골의 지휘 아래 이미 연구, 개발되고 있었다.

드골은 그렇게 개발된 핵무기를 1960년 처음으로 사하라에서 실험했다. 드골의 이런 결단은 미국을 비롯한 동맹국들에게 크게 지탄을 받았다. 하지만 드골은 동맹관계는 아무것도 달라진 게 없다며 동맹국들을 안심시켰고 쿠바 사태 등에서 미국 편에 가담하는 등 실용외교도 펼쳤다. 드골식 외교 방식은 '드골주의'를 자청하는 시라크 대통령에게 전수되었다. 시라크는 1995년 (1기) 대통령 임기가 시작되자마자 태평양에서 핵무기 실험을 했다.

한편 "프랑스는 내 조국이고, 유럽은 내 미래다."라고 외치며, 현재 경제시장의 유럽화 발판이 된 유럽연합조약을 성사시키는 데 남달리 힘쓴 미테랑도 프랑스를 지극히 사랑한 대통령으로 칭송된다. 미테랑은 문예를 특별히 사랑해서 손에서 책을 놓는 때가 없었다는데, 그가 프랑스 사랑을 위해 택한 길이 바로 '유럽을 연대시키는 것'이었다. 이것은 경제시장의 세계화가 급진전되는 세상에서 프랑스가 주체적으로 살아남는 길은 프랑스의 힘만으로는 부족하므로, 보다 넓은 세상 '유럽'이 단결해야 한다는 인식이었다. 그래서 이전의 적, 독일과 더 긴밀한 협조 정책들을 수행하며, 두 나라가 주축이 되어 유럽연합을 이끌어가겠다고 의지를 피력했다. 미테랑 집권 당시 프랑스는 미국과 나토에 의존하지 않는 유럽의 자발적인 군사방어 협조체계 계획을 시도했지만, 유럽 다수국들의 반대로 실현되지 못했다.

사회당 출신인 미테랑은 특히 다양성에 기반한 '문화의 유럽'과 '사민주의적이고 연대하는 유럽'을 강조하기도 했다. 냉전 시대 프랑스의 자존심이 드골식 '반미'로 나타났다면, 세계화 시대 프랑스의 자존심은 '유럽'을 미국과는 다르게 발전시키고 프랑스를 그 유럽의 중심 국가로 만들려는 의지로 표출되었던 것이다.

이렇듯 실용성을 기반으로 자국의 독립성을 강조한 프랑스의 '반미'는 단지 반미라서 빛을 발하는 게 아니다. 프랑스의 반미가 결과적으로 '인본적'으로 나타난다 하더라도, 애초에 인본적인 의도만을 추구했다고 믿는다면 그건 외교를 모르고 하는 소리다. 프랑스가 아직도 아프리카에선 후기 식민주의 정치를 펼치는 것에서도 알 수 있듯이, 외교란 남의 나라를 돕자는 게 아니라 자국의 이익을 위한 것이다. 하지만 그럼에도 프랑스 외교가 빛을 발하는 이유는, 프랑스 외교에는 프랑스의 정체성과 독립성, 자율성이 녹아있기 때문이다. 나아가 그것이 패권주의 외교를 펼치는 미국을 어느 정도 제어해주기 때문이다.

좌우는 극을 만들고

나의 짧지 않은 프랑스생활 동안 프랑스에 치를 떨게 만든 일들이 몇 가지 있었다. 그중에서 내가 외국인이기 때문에 뼈저리게 와닿은 사건은 무엇보다도 프랑스 극우파의 극성이다. 극우파는 서유럽에서 10퍼센트를 훨씬 넘는 지지율을 얻으면서 성장하고 있는데, 선거철마다 기승을 부리는 이들의 모습은 외국인들을 정말이지 씁쓸하게 한다. 프랑스 극우파는 '인종엔 우열이 있다. 프랑스는 프랑스인에게'라는 기치를 내걸고 이민자와 이방인들을 겨냥한 차별 정책을 내세우고 있다. 물론 이런 동향이 선거 때 갑자기 생기는 건 아니다. 사회도처에 잠재해 있다가 선거철에 부쩍 미디어를 타고 소개되는데 그때마다 그들의 주장이 새삼 섬뜩하게 피부에 꽂히곤 한다.

2002년 4월 21일 대선 1차전에서 우파당 시라크와 극우당 르펜이 나란히 당선된 사건은 프랑스인 모두에게 충격이었다. 그날 이후 2차

선거가 이뤄지는 5월 5일까지 2주 동안은 아직도 내 기억에 생생하게 남아있다. 전날까지만 해도 아무렇지 않게 대했던 이웃이나 거리에서 마주치는 사람들이 갑자기 다르게 보이기 시작했다. 마치 공상과학 소설에서처럼, 어제와 똑같은 그곳이지만 하루아침에 모든 이가 극우지지자로 변해버린 듯한 느낌이었다. '다섯 명 중 한 명 꼴로 극우당에 표를 던졌다니…. 저들도 그중 한 명일까?'라는 생각이 내 의식보다 더 빨리 뇌리를 스쳤고, 내게 지어보이는 사람들의 표정도 다시 한번 들여다보게 만들었다. 그러다 혼자 약이 올라선 '너희만 나라 있냐? 나도 내 나라 있다!'라며 중얼거리기도 했다. 그런데 돌아갈 나라도 없는 이방인이라면, 어떤 기분이었을까?

    4월 21일이 프랑스에서 살아가는 이방인을 착잡하게 했다면, 지각 있는 프랑스인들에겐 수치스런 날이었다. 그날은 제5공화국의 특기할 만한 정치 사건으로 프랑스 정치사에 남아, 두고두고 들먹여졌다.

    제5공화국 선거 특징은 '다수당 난립'과 '양대 정당의 부각'이다. 1차전에서 과반수 표를 얻은 후보가 당선되는 게 원칙이지만, 당이 많아 후보가 많으면 표가 분산되어 그만큼 과반수 표를 얻기가 어려우므로,

2002년 대선에 출마한 16명 후보들의 포스터가 붙어있는 게시판. 극좌, 좌, 중도, 우, 극우파까지 다양한 정치 성향을 띤 후보들이 출마했다.

대개 1차전에서 1, 2등으로 당선된 후보들이 2차전에서 다시 경합을 벌인다. 그래서 2차전에선 표를 모으기 위해 당들이 서로 연합한다.

    각 당은 정치색에 따라 좌·우파끼리 연합하는데, 1차전에서 득표율이 최고였다 하더라도 2차전에서 연합에 성공하지 못하면 패배를 맛볼 수도 있다. 따라서 프랑스에선 자연스럽게 좌·우 양대 정당이 주축이 되는 정치 형태를 이루며, 모든 당들은 당의 이익을 위해서 연합해야 하는 과업을 안고 있다. 소당인데도 연합하지 못하면, 당의 생존을 보장할 수 없기 때문이다.

'민중운동연합당'은 시라크가 속한 공화국연합당(RPR)과 몇 개의 우파당이 2002년 1차전 직후 연합한 우파연합당으로, 한 달 뒤 총선에서 표 모으기에 성공한다. 또 그 이전 조스팽 정부 시절 '다수좌파'는 좌파당들이 연합한 것이다.

2002년 대선 후보가 총 16명이었으니, 얼마나 다양한 당들이 선거에 나섰는지 짐작할 수 있을 것이다. 극좌, 좌, 중도, 우, 극우파까지 폭넓은 정치색의 스펙트럼은 분산될 표를 예고했다. 이 현상 자체가 정당색이 비슷한 당들의 연합이 어려웠음을 보여주고 있다. 좌파 후보들이 우파보다 좀더 많다는 분석이 있었지만, 그렇더라도 공화국연합당 후보 시라크와 사회당(PS) 후보 조스팽이 2차전에 진출하리라는 건 아무도 의심하지 않았다. 게다가 그들은 선거 당시 대통령과 총리여서 지명도도 탄탄했던 터였다. 그런데 모두의 예상을 뒤엎고 조스팽(16.18퍼센트)이 탈락하고, 극우당인 국민전선(FN) 후보 르펜(16.86퍼센트)이 당선되었으니, 이제 프랑스에선 파시즘이 판치게 될지도 모르는 판국이었다.

낮은 투표율에다 너무 많은 후보의 출마로 표가 갈가리 찢긴 탓이

컸지만, 결과적으로 조스팽과 사회당은 참패했다. "청천벽력이다. … 대선 결선이 끝나면 정계를 떠나겠다."라며 조스팽은 4월 21일 공식회견에서 서둘러 정계은퇴를 선언했다.

사실 극우당이 받은 표는 1995년 대선과 비교해볼 때 수적으로 큰 변화가 없었지만, 사회당 표는 부쩍 줄어있었다.(1995년 대선 1차전 득표율 23.3퍼센트) 사회당은 지난 내각에서 경제성장, 실업률 문제 등에서 만족할 만한 결산을 하고 있었는데도 불구하고 2차전에도 오르지 못했다. 사회당은 이제 '앞으로 어떻게 대처해야 하는가?'라는 더 근본적인 당의 정체성 문제에 당면하게 된 것이다. 그처럼 4월 21일은 1차진에서 탈락한 조스팽 자신뿐 아니라 그가 소속된 사회당 그리고 좌파 당들이 좌파 정치의 현주소를 짚어보게 했다.

한편 82퍼센트의 득표율을 얻은 우파연합당의 승리는, 문자 그대로 승리라기보다는 "파시스트 르펜보다는 슈퍼 거짓말쟁이 시라크에게 표를 던져라."라며 가리로 나서 반르펜을 외친 사람들의 표가 더해진 '거북한' 승리였다. 이후 프랑스 사회 곳곳에서는 '도대체 프랑스는 어디로 가고 있는가?'라는 심각한 반문이 일었다.

1. 2002년 5월 1일 노동절 시위는 민주주의를 되살리기 위한 반르펜 시위가 되었다.
   고무장갑에 "파쇼를 찍지 말고, 사기꾼을 찍어라"라고 적힌 종이가 끼워져있다. 파쇼(르펜)와 사기꾼(시라크) 사이에서선택의 여지가 없지만 민주주의를 살리기 위해선 투표를 꼭 해야 하니 장갑을 끼고 투표하겠다는 게 시민들 생각이었다.
2. 르펜을 반대하기 때문에 선거에서 난생 처음 우파당에 표를 던진다는 사회당 지지자가 프랑스 국기와 나란히 준비해온 피켓에는 "시라크! 내 표는 받겠지만, 내 지지는 받지 못한다"라고 적혀있다.

이 사건은 몇 가지 교훈(?)을 남겼다. '정책 부재'는 '국민들의 불만'을 낳고 이것은 '국민들의 불만을 이용한 포퓰리즘(대중인기 영합주의)'으로 이어진다는 것이다. 이런 현상은 유독 프랑스 정치계만이 아니라 현대국가라면 정도만 다를 뿐 모두 겪는 것이라 숙고해볼 만하다.

　'정책 부재'는 냉전 시대가 종말을 고하고 세계가 신자유주의 기치 아래 경제를 중심으로 발전하면서 정당들이 그들의 정치색에 맞는 다양한 정책들을 수립하지 못하는 현상을 대변한다. 프랑스 정치는 그동안 사민주의를 강조하는 진보적 좌파와 공화국 전통에 자유주의를 병행하는 보수적 우파가 국민들의 다양한 의견을 수렴하여 정책에 반영해왔다. 그 결과 프랑스는 공화국 전통을 살리면서 질적으로 우수한 공공서비스와 복지 정책들을 펼쳐왔다. 그런데 거부할 수 없이 불어닥친 세계화 여파 앞에서, 정당들은 특히 사민 정책을 세우는 데 어려움을 겪고 있다. 실업, 세금, 교육, 복지, 국방 등에서 각 당이 내거는 정책에 "좌우 차이가 드러나지 않는다."라는가 하면, 차이를 살리는 경우도 "실현성이 없다."라는 비판도 듣고 있다. 이것은 달리 말해, 그만큼 국민들을 만족시킬 만한 현실성 있고 합리적인 정책을 구상하는 일이 힘들어지며, 그걸 실현하는 일은 더더욱 어려워진다는 말이다. 그래서 오늘날 정치인들은 사회를 잘 파악해서 더욱더 독창적인 정치를 해야 하는 그야말로 '정치예술'을 펼쳐야 하는 과제를 안고 있다.

정치에 대한 국민들의 불만은 선거에서 그대로 나타난다. 프랑스도 우리처럼 대선과 총선이 모두 직선제인데, 국민들은 여당에 대한 불만을 야당에게 표를 던지는 것으로 표출한다. 이것을 '현 정부 처벌'적 투표 경향이라 한다. 그러다 만일 총선에서 야당이 과반수 이상을 얻어 야당 총리가 당선되는 경우엔 야당 행정부와 대통령이 '동거'하게 된다. 5공화국에서는 벌써 세 번이나 동거 정부가 들어섰다.(1986~1988년, 1993~1995년, 1997~2002년)

1980년대 이래 국민들은 좌·우익 정부를 번갈아 당선시키는 것으로 정치에 대한 불만을 표출하는 경향을 보이고 있어서 이것이 5공화국의 특색이 되었다. 좌우 정부가 번갈아 들어서면 다양한 계층의 소리를 수렴한 정책이 실현될 수 있는 장점이 있는 반면 정책을 계속 진행시킬 수 없다는 단점도 있다. 게다가 개혁 반대 여론이 심할 때 강행된 정책은 다음 선거에서 '현 정부 처벌'로 나타나 정계에선 개혁을 망설이게 되기도 한다. 급변하는 시대이므로 그 어느 때보다 정치, 사회개혁이 필요한데 프랑스 정치는 이렇듯 큰 개혁을 수행하기 힘들다는 어려움이 있어 5공화국 위기까지 거론되고 있다.

국민들이 '정부 갈아치우기'식으로 불만을 표출하면서 나타나는 또 다른 문제점은, 보복하려고 투표하다 보니 아예 공약을 무시하기도 한다는 점이다. 그런가 하면 정치에 대한 불만이 정치 무관심으로 이어져 낮은 투표율로 나타나고도 있다. 기권도 민주주의 사회에선 국민 권리지만 이것이 정치 불만 때문이라면 무엇보다도 정치인들이 각성해야 한다.

국민들의 정치, 사회 불만을 무기로 삼아 기승을 부리는 대표적인 것이 포퓰리즘이다. 20세기 유럽사에서 포퓰리즘은 독재와 파시즘 형태로 나타나기도 했으므로 사회의 암울한 면을 부각시키고 극단적인 주장들을 내세우며 자라는 극우 정당들은 사회적 경고가 아닐 수 없다.

극우사상은 포퓰리즘에 기반하여 국민들의 호응을 넓혀가고 있다는 점에서 위험하다. 극우당은 세계화 여파로 생겨나는 국민들의 불만과 사회 내부에서 일어나는 다양한 위기상황들을 국민들에게 끊임없이 상기시키면서 국민들의 귀를 솔깃하게 만든다. 나날이 사회가 불안 전해지고 실업률이 높아가는 원인을 이민자와 이방인들에게서 찾는 한편 민족이나 국민주의를 부각시키고, 국민들의 공포와 분노를 자극하여 사회적인 불안감도 증가시킨다. 극우사상엔 구체적인 정책이나 대안보다는 '거부'와 '반대'만 주로 담겨있다. 그래서 이전에는 좌파를 선호했던 소외 계층들이 점차 극우당에 이끌리는 현상도 보인다.

프랑스 극우를 대변하는 인물이 르펜이다. 르펜이 이끄는 국민전선은 1970년대에 창당되었다. 1974년 대선에서 0.75퍼센트의 득표율을 얻었던 르펜은 80년대 말부터 부쩍 호응을 얻어 90년대부터 15퍼센트의 득표율을 얻고 있다.

'피의 결합'에 의한 '프랑스인을 위한 프랑스'라는 논리로 일체의 개방외교 정책을 거부하고 인종차별 정책을 신봉하는 극우사상은 공화국 이념에 위배된다. 프랑스는 '프랑스인'이라는 '민족'이 따로 있어서 형성된 나라라기보다는 자유, 평등, 박애 이념 아래 발전한 나라기 때문이다. 그래서 석학들은 일찍이 "프랑스인으로 태어나는 것이 아니라 프랑스인으로 '선택'된다."라고 외치기도 했다.

다양한 민족과 문화들이 함께 공존하는 현재의 프랑스가 있기까지 '정치'의 역할이 남달랐다. 그러므로 극우는, 사민주의를 주창하는 좌파에게는 물론이고 공화국 이념을 존중하는 우파에게도 경고와 수치이기는 마찬가지다. 2002년 대선 2차전을 앞두고 시라크 후보가 르펜 후보와 방송 토론을 거부한 것이나 우파당이 극우당과 연합을 꾀하지 않은 것도 이런 배경에서다. 극우당이 엄연히 존재하긴 하지만 '받아들일 수 없다'는 태도다.

극우가 정치인들에게 '경고'와 '수치'인 또 다른 이유는, 그것의 태동 원인이 바로 정치인들 자신이기 때문이다. 국민들의 불만을 증폭시키는 정치가 강행될수록 그 불만으로 사회에 극단적인 사고가 깊어진다는 점을 정치인들은 명심해야 할 것이다. 극우는 정도의 차이는 있지만 어느 사회나 도사리고 있다. 특히 사회가 어려울수록 더욱 힘을 얻는다.

국민들의 불만을 증폭시키고 사회에 공포와 불안 그리고 증오를 키우는 정당들은 자신들이 사회에 극우적 사고를 심고 있다는 것에 자성해야 한다. 그리고 그것이 사회의 생존을 위협한다는 것도.

다양성으로 저항한다

언제부턴지 내 전자우편함으로 '비아그라' 광고 메일이 배달된다. 비아그라가 필요한 것도 아닌데 어디를 통해 왔는지 '처방도 필요 없이 싼 가격으로 구입할 수 있다.'라는 영어광고가 매일 수차례 온다. 내 '건강'은 전혀 고려하지 않은 채 싸다는 것만 강조하는 광고 문구에서 나와 비아그라는 단순한 상품과 소비자로 전락한다.

사실 처방이 필요한 약들을 광고하는 것은 프랑스와 유럽의 대다수 국가들에선 불법이다. 그럼에도 불구하고 국경을 자유자재로 넘나드는 온라인 때문에 세계 도처에서 약 비즈니스가 성행하고 있다.

'여느 상품처럼 약을 상품화해도 되는가?'라는 논란은 2002년 유럽에서 한차례 일었다. 그해 유럽연합에서 몇 가지 약은 광고를 허용하자는 움직임이 있었기 때문이다. TV나 방송을 통해 약을 선전할 수 있게 해서 대중에게 그 약에 대한 정보를 알리고 제약회사들의 경쟁을 자극하여 의약계 발전을 촉진하자는 주장이었다. 이미 미국과 뉴질랜드에서는 약광고를 허용하고 있다.

그런데 약광고는 어떤 효과를 낼까? 약에 대한 대중적인 이미지를 소비자에게 심어주므로 당연히 소비자 선택에 영향을 미칠 것이다. 광고의 기능이 상품에 대한 객관적이고 정확한 정보전달보다는 가상적인 이미지 창출에 혈안이 되고 있는 이 시대에 약에 대한 정보를 전달하기 위해 광고를 하자는 제약회사들의 논리는 의심의 여지가 있다. 그래서 프랑스인들은 또한번 "미국처럼 되기 싫다! 약은 그냥 상품이 아니다."라고 외쳤다.

불행 중 다행으로 이 법안은 제약회사들의 막강한 로비에도 불구하고 유럽의회에서 통과되지는 않았다. 하지만 기회만 되면 다시 대두될 사안이다. 그런데 문제는 내게 도착하는 비아그라 광고처럼, 우리가 나라나 지역별로 실시하는 금지나 보호조처가 실효를 거두기 힘든 통신 세계에 살고 있다는 점이다.

세상이 세계화 물결에 휩쓸려 나날이 상업주의라는 괴물로 비대해지고 있다. 모든 것이 상품화되고, 이것들은 사람보다 더 자유롭게 국경을 넘나들고 있다. 자본의 이윤 추구 논리 앞에선 그동안 국가라는 틀 속에서 안전하게 보전되던 다양한 문화도 무력하게 무너진다.

각 나라가 고립을 피하기 위해 자의반 타의반으로 추구하는 게 시장개방과 세계화인데, 이로 인해 나날이 국민들은 형체도 정확히 알 수 없는 거대한 산업체들에 종속되어가고 있다. 여기에 부채질을 하는 것이 광고이기도 하다.

산업체들이 내보내는 현란한 광고들은 공공장소는 물론이고 산과 들까지 점령해 환경을 오염시키고 있다. 광고가 없어지면 이런 현상이 좀 덜해질까? 이런 이유로 프랑스에는 광고를 반대하는 단체들이 꽤 있다.

"광고 포스터들로 경치가 더는 오염되지 않기를 원하세요? 그렇다면 참여하세요."

어느 반(反)광고단체의 인터넷 홍보 문구다.(그렇다! 광고에 반대하기 위해서도 광고를 해야 하는 세상이다) 그런데 2004년 반광고단체의 활

동이 소송에 걸려 재판에 회부
됐다. 2003년 가을, 광고를 반
대하는 젊은 투사들 수십 명(수
백 명이라고도 한다)이 파리 거
리와 지하철역 곳곳에 붙은 광
고 포스터에 "광고를 줄이고
시를 더!", "광고는 벽만 상하게
하는 게 아니라 우리도 바보로

파리 거리에 설치된 광고판.
지나치게 선정적인 광고들이 거리를 오염시키고 있다.

만든다." 등의 낙서를 해서, 교통공단과 광고회사가 손해배상을 요구한 것이다.

"광고 포스터를 망치는 것은 영혼을 망치는 것보다 덜 아프다. 광고는 우리를 인간으로 보지 않고 소비자로만 간주할 뿐이다. 광고는 공공장소들을 침략하고 있다."

재판 중 피고 측 변호인의 발언이다. 당시 미디어를 타면서 꽤 요란

"쇼핑을 하지 않는 하루"라고 적힌 반쇼핑 포스터.

해졌던 이 사건은 대중들에게 광고에 대한 찬반논쟁을 불러일으켰다. 광고는 인간의 사고를 오염시키긴 하지만 현대생활에 필수적이라는 양시론에서 논쟁은 그쳤지만, 선정적인 광고 대신 더 문화적이고 미학적인 광고를 지향하자는 의견이 대두되었다. 이 사건은 "광고를 싫어하는" 젊은이들의 객기 정도로 치부돼 몇 명만 처벌받는 것으로 끝났다. 그런데 이런 비슷한 소송에서 이긴 단체도 있다. "우리의 경치를 훔치지 마라."라는 구호를 내건 '프랑스의 경치'는 야외에 설치된 광고판 철거에 앞장서서 대기업이나 국가를 상대로 여러 차례 승소한 바 있다.

광고에 찬성하든 반대하든 우리는 세계화 물결 속에서 생산과 소비에 참여하고 있다. 자본은 임금이 더 싼 곳으로 점차 생산지를 옮겨가 더 많이 더 싸게 상품을 쏟아내고, 사람들은 나날이 소비자로 전락하고 있다. 백화점, 대형마트, 쇼핑카트 등으로 대변되는 현대인의 일상을 보더라도 이 시대에 가장 보편적인 인간이 '소비자'라는 느낌을 저버릴 수 없다. 더불어 국가와 국민의 관계도 서서히 거대산업체와 소비자로 대체되는 듯하다. '나는 소비한다. 고로 나는 존재'하는 것이다.

그런데 우리는 이 시대에 과연 무엇을 소비하고 있는 걸까? "소고기 스테이크 주세요. 설마 미친 소는 아니겠죠? 유전자 변형된 사료 먹고 자란 것은 말구요!" 이런 표현이 이상하지 않을 정도로 정육점에서 소고기를 사는 일도 예전 같지 않다. 대량생산의 여파로 소가 미칠 수도 있고 닭이 감기에 걸릴 수도 있으므로, 내가 도대체 뭘 소비하고 있는지 파악하기 위해서 알아야 할 사건들과 단어들도 다양해진 세상이다. '유기농 고기로 주세요."라고 딱 잘라 말하려면 더 지출해야 하니 주머니가 넉넉하지 않으면 선택 범위도 줄어들 수밖에 없다. 그런데 정작 정육점 주인은 자신이 파는 고기의 정체를 정확히 알고나 있을까?

유전자 변형물 파동은 세계화 시대에서 우리가 무엇을 먹으며 살아가는지 숙고하게 만든 대표적인 사건이다. GMO(유전자 변형 생물체)는 생산력이 높아지도록 유전자를 생존력이 강하게 변형시킨 생물인데, 특히 농산물에 많다. GMO 경작으로 인한 토양 오염과 이걸 먹은 동물이나 인간에게 발생하는 이상 증세, 나아가 생태계 전체에 미칠 위험이 지적되면서 GMO에 대한 반대 여론이 형성되고 있다. 아직 이런 의문들에 대한 과학적인 해명이 없는데도 GMO 산업체들의 로비로 인해 GMO 식품은 세계 자유무역 품목이 되어 국경을 넘나들며 판매되고 있다.

이 식품들을 '똘레랑스 식품'이라 부르기도 한다. 소비자들이 용납해서가 아니라 그 정도의 GMO 함량은 받아들인다는 '행정적, 법적'인 똘레랑스다. 소비자들이 원하든 원치 않든 똘레랑스를 발휘해야 하는 식품은 계속 늘어나고, GMO는 식품을 넘어 다른 영역으로까지 침투하고 있다. 유럽은 소, 돼지, 닭, 양 등의 전염병 파동을 겪었지만, 여전히 동물사료 다수가 GMO 식품이다. 유럽 시민 70퍼센트 이상이 GMO 보급을 반대하고 있는데도 이런 판국이다. 그런데 미국을 포함한 다수의 국가들은 식품에 GMO 함량 여부조차 표기하지 않으니, 소비자의 선택 권리는 여러 방식으로 유린당하고 있는 셈이다.

맥도날드나 인스턴트 식품처럼 대량소비가 목적인 음식을 반세계화 측은 '나쁜 음식(malbouffe)'이라고 부른다. 이 단어는 1980년대에 생겨났는데 최근에는 유전자가 변형된 나쁜 음식, 유전자 변형 물질이 함유되지는 않았지만 나쁜 음식… 등 음식을 부르는 명칭도 늘어나고 있다. 이런 음식들은 그것을 먹는 사람들의 건강뿐 아니라 향토 음식문화까지 위협한다. 그 결과 향토 음식문화는 대기업과의 경쟁에서 밀려 하나 둘씩 사라지고 있어서, 지금은 소수만이 고급문화 형태로 남아 있다.

프랑스 농민운동가 조제 보베가 유전자 변형 농작물과 맥도날드를 파괴한 건 이런 배경에서다. 보베의 행동은 유전자 변형 농산물의 생산과 시장화에 반대하는 프랑스 농민운동의 일환일 뿐 아니라 GMO를 자유무역거래 품목에 포함시키려고 압력을 가하는 미국과 유럽의 다국적기업에 반대하는 입장을 표현한 것이다. 다시 말해 보베는 경제적 이익과 압력 때문에 정부 측은 쉬쉬하고 있는 이슈에 대해, 프랑스 농민의 이익, 국민의 건강, 프랑스 자연환경 보호를 위해 일선에서 '상징적인' 범죄를 저지른 셈이다. 이런 운동에 힘입어 보베는 세계화와 '나쁜 음식'에 대항하여 투쟁하는 대표적인 인물로 대중적인 인기를 얻고 있다.

보베 외에도 프랑스에서는 반제국주의를 기치로 하는 지성 월간지 <르 몽드 디플로마티크>와 '알터(alter) 세계화(반세계화를 뜻하는 새로운 명칭)' 운동단체인 아탁(ATTAC) 등이 활약하고 있어서, 프랑스도 적지 않은 다국적기업으로 세계화에 큰 몫하고 있는 현실에서 그나마 인권 국가로서 프랑스의 자존심을 지키고 있다.

반세계화 진영은 1994년부터 논의되고 있는 '서비스업 무역의 일반협정(GATS)'에 강력히 저항하고 있다. 서비스업 무역의 일반협정이란 서비스업 시장 개방에 관한 것으로, 에너지, 교육, 건강, 물, 관광, 교통, 금융, 통신을 포함해 이 협정은 총 160여 분야를 겨냥하고 있다. 그런데 이 분야들은 미국 외 몇 나라를 제외하고는 나라에서 국·공영으로 운영되거나 채 개발되지 않은 분야다. 따라서 서비스업 무역의 일반협정은 전자의 국가에게는 그 분야 시장 개방의 압력이며, 후자에게는 곧바로 외국기업이 진입하여 정착하는 빌미가 된다.

이 협정의 여파로 세계 곳곳에서 국·공영 기업들이 하나 둘씩 민영화되고, 그것으로도 모자라 다국적기업들이 여러 나라의 기업들과 합병하여 서비스업계는 그야말로 치열한 약육강식 전쟁터를 방불케

하고 있다. 2001년에 다국적기업에 합병된 기업의 60퍼센트가 서비스업이었다. 서비스업 시장자유화 물결에 저항하는 방법은 나라마다 다른데 한국은 영화계, 인도는 영화·통신업계, 스위스는 금융업계 등 대개 그 나라의 발달한 분야에 대해선 더 강력히 저항한다. 프랑스에서는 문화 분야의 저항이 남다르다.

"문화는 상업에 복종해서는 안 된다. 문화야말로 세계화라는 모험에 새롭게 도전할 수 있는 방법을 우리에게 제공한다. 우리는 문화를 통해서 그간 세계가 지나칠 정도로 고통스런 양상을 더하며 보여주었던 문명충돌에 맞설 수 있다. 또한 문화는 신분, 민족, 종교 간에 알력이 생겼을 때 서로 대화하고 타인을 존중할 수 있게 한다. 이게 바로 프랑스의 신념이며, 우리의 문화 정책 토대다. 프랑스가 국제무대의 모든 협상에서 견지해온 철학이기도 하다. 프랑스는 현 세계의 복합성을 인식하여 진보와 풍요로움의 원천인 다양성을 옹호하고, 평화를 중요시하며, 각 문화들이 활발히 소통하길 바란다."

2003년 파리에서 열린 제2회 '국제 문화 전문가단체' 총회에서 시라크 대통령이 연설한 내용이다. 이렇듯 프랑스가 대내외적으로 '문화의 다양화' 기수가 된 것은 미국 문화의 세계화 여파에서 기인한다. 세계 무역 장벽을 깬다는 미명 아래 1947년에 생겨난 '관세와 무역에 관한 일반협정(GATT)'에서 프랑스는 '문화', 특히 시청각 문화에는 자국 영화 쿼터제를 적용했는데, 미국의 시청각 문화가 성장해갈수록 미국 측은 이 분야의 시장개방을 요구했다. 우루과이라운드(1986~1994년) 협상에서 주요 회원국들 간의 충돌이 격렬했던 분야가 농업과 더불어 바로 시청각 문화였다.

프랑스와 몇 나라가 주축이 되어, 문화는 일반 상품과는 달라 자국민의 정체성과 불가분하다는 것을 강조하며 반개방 자국 문화 보호를 외쳤다. 이 계기로 1990년대 초 유럽에 '문화의 세계화'에 대한 저항 세력이 대두되면서 나온 용어가 '문화적 예외성(cultural exception)'이었다. 서비스업 무역의 일반협정에서 시청각 문화 분야가 예외로 취급되어 서비스업의 자유화 품목에서 제외된 것도 이런 배경에서다.

유럽은 '문화적 예외성'으로 미국 문화 보급에 대항하면서 영화나 방송을 통한 유럽 국가들의 문화 발전책을 강구했다. 각국의 문화 보호책들을 적극적으로 권장하고, 나아가 유럽 차원에서 공동의 교육과 문화적 이익을 위해 협조했다. 덕분에 할리우드 문화의 세계적인 파급에도 불구하고 1990년대 유럽의 영화산업은 생존 이상의 발전을 꾀할 수 있었다.

'문화적 예외성'에서 '예외성'이란 말이 특정 문화 보호에만 적용되는 다소 부정적인 의미를 지녀 '예외'는 곧 '다양성'으로 바뀌었다. 이에 부응하여 2001년 9·11 사태 직후, 유네스코는 세계화에 인권적 요소를 가미하기 위해 「세계 문화 다양성 선언문」을 발표했고, 각 나라의 언어와 문화를 보호하며 여러 가지 국제적인 문화 행사를 추진 중이다.

이처럼 프랑스는 무엇보다도 자국 문화 보호를 위한 방법으로 세계 각국의 문화 보호를 외쳐 '문화의 다양성'에 앞장서는 기수가 되었다. 그것은 미국 영화와 극(드라마와 쇼를 두루 아우르는 말)의 전 세계 배포율이 85퍼센트를 차지하는 절박한 상황에서 살아남기 위한 몸부림이기도 했다.

오늘날 '문화적 다양성'이라는 표현은 문화뿐 아니라 정치, 경제, 외

교적인 의미까지 내포하고 있다. 그래서 문화적 다양성은 헤게모니로 강행되는 수직적 세계화에 맞서 각 나라의 고유한 언어와 문화양식들을 강조하며 수평적으로 대등하게 '공존'하는 평화의 세계를 지향한다. 요새는 다양성의 의미에도 상업성이 결부되고 있지만, 어쨌든 영어공용화 논란에 휩싸인 적이 있는 한국도 되새김질해볼 말이다.

하늘까지 닿는 탑을 쌓다가 신의 노여움을 사서 이 세상에 수많은

피터 브뤼겔 「바벨탑」.
인간의 오만함과 신에 대한 도전을 상징하는 바벨탑. 창세기의 바벨탑 신화는 어쩐지 '세계화'와 닮았다.

언어들이 생겨났다는 창세기의 바벨탑 신화는 어쩐지 '세계화'와 닮았다. 자의든 타의든, 세계화라는 탑은 우리의 정체성과 다양성을 버리고 높이높이 하늘을 찌르며 솟으려고 한다. 탑이 높아질수록 위협받는 건 각국의 고유한 문화와 언어다. 고유성이라는 태초엔 당연했던 인간 조건이 지금은 나날이 고수하기 힘들어지는 웃지 못할 상황이 일어나고 있다.

　세계화가 불가피하다면 구름을 뚫으며 '수직으로' '수직으로' 만 솟을 게 아니라, 수많은 사람들이 함께 수평적인 모양으로 만들어낼 수는 없을까? 그런 모습이 수평성, 정체성, 대화, 다양성이 존중되는 '공존'의 세계화가 아닐까 생각해본다.

6 NG 파리산책

'두 유 라이크 파리스?'라는 지극히 짧은 문장이
'You', 'like', 'Paris'라는 세 개의 단어로 흩어지고,
각기 날카로운 날을 세워 추억의 골을 움푹하게 파기 시작했다.
'나'와 '파리'와 '좋아함'이 각각 흩어져 엄청난 양의 기억들을 묶어놓았다.
순간 나는 말을 잃은 채 흘깃 홈 저쪽으로 시선을 돌렸다.

NG 파리산책

"아! 파리, 얼마나 아름다운 도시야! 여길 좀 봐. 얼마나 아름다운지."

가브리엘은 격앙된 어조로 말한다.

"관심 없어. 내가 원하는 건 지하철로 가는 거야." 자지는 응수한다.

…

"잘 즐기고 왔니?"

"그냥."

"지하철은 봤니?"

"아니."

"그럼 뭘 했어?"

"늙어버렸어."

_ 레몽 크노 『지하철 안의 자지』

Do you like Paris?

파리 북역엔 눈이라도 내릴 듯 찬 기운이 가득했다. '이런 날씨엔 청바지를 입고 오는 게 아닌데.' 내가 입은 바지의 청색과 거기에 와닿는 추위가 "쨍—!" 하며 깨지는 소릴 낼 것만 같아 가죽 잠바의 옷깃을 세웠다. 찬 가죽이 목덜미에 닿아 더 추운 것 같았다. 역내는 바깥보다 훨씬 추웠다. 파리 교외에서, 지방에서, 영국에서, 벨기에에서… 그 모든 여정에서 묻어왔을 겨울 방랑의 바람 때문일까.

어딘가 자릴 잡고 앉았다가 온몸으로 밀려드는 한기에 벌떡 일어섰다. 영국에서 출발하는 유로스타 매표구 쪽으로 발길을 옮겼다. '매표구가 아니라 유로스타가 도착하는 쪽으로 가봐야 할까?' 2층에 위치한 한적한 매표구 앞에 도착해 훤하게 보이는 플랫폼 쪽으로 눈길을 돌렸다.

낡은 아파트들이 떠나가는 기차를 배웅하듯 붙박여있다. 저 아파트

여행의 기운이 가득한 파리 북역, "Do you like Paris?"

들은 저기서 얼마나 많은 기차들과 이별했을까. 아파트를 덮은 먼지처럼 켜켜이 쌓여있을 이별의 흔적들. 끊임없는 이별과 영원한 남겨짐이다. 저 아파트 안보다는 떠나가는 기차 안에 자리하고 싶다는 생각이 문득 스쳤다. '나도 저 길을 따라 훌쩍 떠나고 싶다.'

계단을 내려왔다. 프랑스어가 아닌 언어가 귀를 잡아당겨 주위를 둘러봤다. 배낭을 멘 한 무리가 이태리어를 요란스럽게 흘리며 지하철 역 쪽으로 바쁘게 걸음을 옮기고 있었다. 그 소리 들으니 사람이 입을 열면 입 속에서 무수한 알파벳이 쏟아져나오던 TV광고가 떠올랐다. 광고를 보며 'I'는 멀리 가지 못하고 곧장 바닥으로 떨어져 땅에 꽂힐 것 같다고 생각했었다.

바로 그때 안내방송이 역내에 울리면서 모든 말들이 마치 윙윙거리는 벌떼 소리처럼 들려왔다. '왜 파리에 오셨나요? 파리가 어땠어요? 프랑스는요?'라는 질문을 던지기 위해 나선 길이었다. 저 수많은 사람들에게 '파리'라는 도시는 도대체 어떤 의미일까? 왜 사람들은 파리에 왔을까? 파리를 어떻게 느꼈을까? 파리에 무엇을 구하러 왔으며 무엇을 얻고, 무엇을 잃고, 무엇을 남겨두고 가는 걸까?

커다란 배낭을 옆에 놓고 샌드위치를 먹고 있는 금발의 외국인 여행객이 시야에 들어왔다. 샌드위치 속에서 비어져나온 토마토 샐러드가 잠시 잊었던 추위를 다시 떠올리게 했다. "써억—!" 그 순간 어디선가 뾰족한 쇠로 쇠판을 긁는 듯한 섬뜩한 소리가 전해져왔다. 커피의 온기라도 전해받으려고 들고 있던 플라스틱 커피잔을 손으로 감쌌다.

"봉주르. 실례해요. 기차를 기다리시나 봐요?"라고 묻자 여자는 난처한 듯 웃으면서 프랑스어를 할 줄 모른다며 영어로 답했다.

20대의 엘리자베스는 이번까지 합하여 파리 여행이 네 번째인 미국인으로 뉴욕 출신이었다. 유럽을 혼자서 여행 중인데 다음 출발지를 아직 정하지 못해서 전광판을 보며 여정을 고민하는 중이라고 했다.

"아일랜드엔 친척도 있어요. 그래서 유럽엘 여러 번 왔죠. 올 때마다 파리를 거치곤 하죠. 프랑스에선 파리밖에 머문 적이 없지만 젊은이들 중에는 영어를 하는 사람들도 많아서, 언어 때문에 크게 불편하진 않아요. 게다가 파리는 아름다운 도시잖아요. …미국인이기 때문에 프랑스인들이 특별히 불친절하게 대한다고 느낀 적은 없어요. 언어의 장벽이 아니라면 누구와도 대화를 나눌 수 있는 분위기죠. …그러는 당신은 파리가 좋으세요?"

"두 유 라이크 패리스?"라는 지극히 짧은 문장이 'You', 'like', 'Paris'라는 세 개의 단어로 흩어지고, 각기 날카로운 날을 세워 추억의 골을 움푹하게 파기 시작했다. '나'와 '파리'와 '좋아함'이 각각 흩어져 엄청난 양의 기억들을 묶어놓았다. 순간 나는 말을 잃은 채 플랫폼 저쪽으로 시선을 돌렸다.

도착하고 떠나는 사람들, 기찻길, 기차, 아파트를 배경으로 한 10년 세월이 담긴 비디오카세트를 빠른 속도로 마구 되돌리는 듯했다. 그 비디오 속의 수많은 나의 모습들. 'Stop!' 사르트르의 묘지 앞에 선 내 모습이 보였다. '난 그때 꽃을 사들고 갔던가? 그랬다면 무슨 꽃이었던가?'

"오랜만에 자문해 보는 거라… 내가 파리를… 좋아… 하는지… 자신에게… 되묻고 있어요. (일상이 영어로 뭐더라?)… 음… 오랜만에 하는 영어라 힘드네요.… 일상이… 된 대상을 좋아하냐 아니냐로 자문해 보진 않잖아요. 난 파리를 좋아하나?… 글쎄요. '좋아한다.'라고 그냥 짧게 말하기엔 아주 많은 추억들이 있기도 하고… 파리는 흥미롭고 매력적인 도시라고는 분명히 말할 수 있어요. 세월이 흘러도 매번 새로움을 발견하는 도시죠."

기회가 된다면 파리에 살겠느냐고 물었더니 엘리자베스는 관광객으로 머물긴 좋지만 굳이 살고 싶진 않다고 대답했다.

"파리의 생활 리듬이 제게 맞지 않다고 느껴요. 게다가 날씨도 안 좋고…."

"촤르륵-!"

출발시간과 장소를 알리는 전광판 글자들이 바뀌는 소리가 났다. 그 순간 엘리자베스 눈길이 전광판으로 향했다. 맞은편에 비스듬히 앉아있던 나는 다시 플랫폼 쪽으로 눈길을 돌렸다. 멀리서 테제베 한 대가 천천히 들어오고 있었다.

평화를 위하여

2003년 2월 15일.

건조하고 화창한 게 시위하기에 좋은 날씨였다.

시위 행렬은 11시 당페르 로쉐로에서 출발한다고 했다. 당페르에서 바스티유 광장까지 행진이라면 라텡가를 지날 것이다. 오후 2시쯤 노트르담 성당 앞을 지나던 나는 다사로운 햇볕에 마음이 동해 시위 행렬이 있는 데까지 계속 걸어보리라 다짐했다.

토요일의 한가한 햇살 속에서 노트르담 성당 앞은 관광객 무리와 비둘기 떼 그리고 구걸하는 집시들이 뒤섞여있었다. 성당을 등지고 센 강 쪽으로 걷다가 교통순경을 만났다. 오늘 시위 행렬은 생제르만 대로 뒤쪽을 지난다고 했다. 소르본대학교 근처를 지난다는 얘기다.

라텡가는 내가 눈감고도 길을 찾을 수 있는 곳이다. 눈요기만으로 만족해야 했던 책방들이 즐비한 곳, 이리저리 구석구석 책방을 뒤지며

다니던 골목길이 있는 곳, "곤니치와!"라고 외쳐대는 레스토랑 호객꾼에게 너희 음식 맛없더라고 프랑스어로 쏘아붙이고는 선술집으로 향해선 종업원을 조르고 졸라 땅콩, 올리브 등의 공짜 안주를 얻어, 도대체가 양이 차지 않던 생맥주 한 잔을 마셨던 곳. 그러다 더 마실 돈이 없어서 애꿎은 잔돈만 원망하며 거리로 나서선 파리에 관광온 취객 흉내를 내며 "파리는 모든 걸 용서한다."라고 외쳤던 추억이 어린 곳.

추억이 얽힌 곳들을 돌아서 뤽상부르 공원 쪽으로 향했다. 대시위 행렬이니 골목길을 택하진 않을 것이었다. 생미셸 대로를 따라 올라가는데 플래카드를 든 남자와 그의 일행인 듯한 대여섯 명이 질베르 서점 앞에서 서성대고 있었다.

"실례해요! 오늘 시위에 참가하시는 건가요? 그렇담 시위 행렬이 여기로 지나가는 건가요?"

실한 대나무 두 토막에 하얀 천이 둘둘 감긴 플래카드를 든 남자는 자기도 정확히 모르는데 아마 그럴 것 같다고 대답했다. 남자의 플래카드 때문인지 나이 지긋한 신사가 지나가다 남자에게 같은 질문을 던졌다. 대여섯 명 중 한 명만 빼고는 모두 그런 식으로 모인 사람들이니,

모두 이 멋진 플래카드 덕분이라며 남자는 웃었다. 그런 질 좋은 대나무를 구해서 플래카드를 준비해올 정도라면….

"어느 협회 소속이신가요?"

"농!"

무소속 일반인이라고 자신을 밝힌 그는 파리에서 100여 킬로미터 떨어진 곳에서 살고 있는데, 오늘은 시위에 참석하기 위해 친구 한 명과 새벽부터 서둘러 왔다고 했다. 방송일을 하는 36세의 프란시스는 시위 참가 이유를 다음과 같이 말했다.

"석유를 위해서 무모한 사람들을 죽여선 안 되죠. 더러운 전쟁은 아예 시작을 말아야죠.… 그보다 너 궁극적인 이유는, 내겐 두 아이가 있어요. 내 아이들에게 전쟁을 물려주고 싶진 않아요. 그러니 시위에 참가해 반전을 외치는 건 이 시대를 사는 나의 의무라고 생각해요. 물론 그런다고 부시의 광기를 막을 순 없겠죠. 전쟁은 벌써 준비되고 있으니까요. 이런 시위가 비록 전쟁을 하루, 일주일, 이주일 연기시킬 뿐이더라도 우리가 할 수 있는 건 해야죠!"

프란시스와 함께 생미셸 대로를 걸으며 그날 세계 각지에서 있을 시위의 파급효과와 전쟁에 대해 이런저런 얘길 나누었다.

"이라크 다음으로 이란, 북한이 언급되는데, 만일 미국이 북한에 전쟁을 선포한다면 사람들이 오늘처럼 거리로 나와 반전을 외칠까요? 당신은 그때도 오늘처럼 100킬로미터를 서둘러 달려오시겠어요?"

"글쎄요…. 솔직히 말해서 오늘만큼은 시위하지 않겠죠. 일단은 프랑스인들이 북한이나 한국에 대해 잘 모르니까요. 사실 저도 그 문제에 관해선 생각해본 적이 없어요. 당신에게서 처음 듣는 질문이라 지금 생각해보는 거거든요.…나라면… 전 모든 전쟁을 반대해요."

뤽상부르 공원 앞에 도착하자 경찰의 통제 차량들이 두 줄로 쭉 늘어서 있었다. 거기엔 공원을 드나드는 사람들과 시위하러 나온 듯한 사람들, 그리고 우연히 그 자리에 있게 된 사람들이 뒤섞여있었다. 산만한 행렬들 저쪽, 공원 입구엔 '모딜리아니 전시회'를 광고하는 포스터가 걸려있고, 모딜리아니의 초상화 속의 여인이 슬픈 듯 우리를 바라보고 있었다.

선두 시위 행렬을 기다리기 위해 거기 남기로 작정한 나는 프랑스 일행과 작별 인사를 했다.

"즐거운 시위 되세요!"

계속 대로를 거슬러 올라가는 프란시스 일행은 이제 족히 10명은 돼보였다.

나는 거기 서서 사진기를 꺼내들었다.

"여기 무슨 일 있어?"

"그러게, 부시가 말이야.…"

"전쟁이 말이 되니?"

"그래, 나 바로 공원 앞에 있어. 뤽상부르. 그래, 시위할 거야."

차츰 더 늘어나는 사람들 사이에서, 출처를 분간할 수 없는 소리들이 귓가를 스쳤다.

"부시! 살육을 멈춰라!"

"위(영어로 Yes)! 평화, 농! 전쟁."

"농! 살육!"

부시의 성(Bush)에 접미어 '-erie('하는 짓'이라는 뜻)'를 붙여 만든 'Busherie'란 단어는 이번 시위에서 단연 빛나는 단어였다. '부시가 하는 짓'이라는 뜻을 가질 수도 있지만, 프랑스어로 도살, 살육을 뜻하는 단어 'Boucherie'와 발음이 동일한 데 착안해서 만들어진 단어다. 발음 그대로는 '도살·살육'이 되기도 하는데 시위를 위해 만든 일종의 신조어였다. '부슈리'를 따라 외치는 사람들이 재밌다며 웃었다.

'부시'와 '살육', '위'와 '농', 그리고 '전쟁'과 '평화'가 메아리치는 행렬을 따라 걷다가 70세는 족히 돼보이는 할아버지가 눈에 띄어 다가갔다. 할머니는 집에 있는 개들을 돌봐야 해서 혼자 오셨다는 베르나르 씨. 그는 귀가 어두워선지, 시위 행렬 소리 때문인지, 같은 질문을 두세 번 큰 소리로 반복한 후에야 겨우 답변해주는 쉽지 않은 대화 상대였다. 출발지부터 줄곧 걸어와 다리가 좀 아프긴 하지만 시위 종착지까지 천천히 힘닿는 대로 걸어갈 것이라며 웃어보였다.

"오늘 여기서 시위하는 프랑스인인 당신은 전쟁을 준비하는 미국 국민인 것보다 더 자랑스럽다고 말할 수 있나요?"

"… 어느 정도는 그렇다고도 할 수 있겠죠. 적어도 내 나라가 전쟁을 하자고 외치고 있진 않으니까요. 내 의지로 여기 참여해서 이렇게 반전 시위자들과 함께한다는 것으로 만족해요."

지난 대선에서 시라크에게 표를 던졌다는 베르나르 씨는 현 정부의

반전 입장에도 만족스럽다며, 다리를 약간 절뚝거리며 천천히, 정말 천천히 행렬을 따라갔다.

    전쟁을 준비하는 미국 국민인 것보다 프랑스인이라는 게 더 자랑스럽다는 것은 개인의 자존심 문제라기보다는 윤리 문제일 것이다. 그렇듯 전쟁과 평화를 회고하여 반전 입장으로 생각을 굳히고, 그 자리에 참석하기까지 따져본 생각들, 그리고 전쟁은 옳지 않다고 대중 앞에서

■ 시위에 참가한 한 여성이 "NON BUSHERIE IRAK"라고 적힌 피켓을 들고 있다. 여기서 "BUSHERIE"는 도살, 살육을 뜻하는 프랑스어 'Boucherie'와 발음이 같다. 즉 이 구호는 이라크 전쟁을 중단하라는, 부시에 대한 강력히 항의다.

외칠 수 있는 윤리적 결심. 바로 그 자리에는 그 결심들이 모인 것이다.

나는 새,

그 비상의 충격으로 주인을 따르지 못하고 하늘에서 땅 위로 곤두박질치는 한 올의 깃털,

그 깃털을 이리저리 날리는 정처 없는 바람,

그 바람이 닿아서 흔들리는 만물,

만물… 만물 중에 바람에도 꿈쩍하지 않는 것들이 있다.

전쟁.

나의 상념은 바람 따라 정처 없이 공중을 떠돌다가 다시 '전쟁'이라는 단어의 무게로 암울하게 바닥에 '뚝' 떨어지고 만다. 전쟁 중에 바람을 느끼고 새를 바라보는 사람이 몇 명이나 될까?

결코 가벼워선 안 되는 글의 소재들이 있다. '죽음', '전쟁'이 그렇다.

'전쟁이 세계 만방에 생방송되는 21세기에 사는 우리에게 전쟁과 죽음이란 과연 무엇일까?'라는 자문은 흥미롭다. '오늘을 사는 우리에게 전쟁이란 과연 무엇인가?'

방공호를 만들기로 작정한 적이 있었다. 초등학교 3학년 때. 전쟁

을 한 번도 겪은 적이 없던 어린 내가 전쟁이 일어날지도 모른다는 두려움으로 방공호를 파기로 결심하기까지는 당연히 학교교육이 큰 몫을 했을 것이다.

'그래, 이번 일요일에 뒷마당에다 방공호를 만들자. 그래서 전쟁이 일어나면 우리 가족이 모두 거기 숨는 거다.'

주중엔 그런 결심을 했다. 그러다 일요일 밤이 되면 그날도 파지 못한 방공호 때문에 서글퍼지곤 했다. 난 결국 방공호를 만들지 못했고 그 계획조차 포기했다. 포기의 정확한 이유가 뭐였는지는 기억에 없다. 아마도 어린 나로선 우리 가족이 모두 들어갈 커다란 굴을 팔 엄두가 나지 않았거나, 뒷마당이 없는 집으로 이사가면서거나, 그도 아니면 '멸공' 때문이었는지도 모른다. 방공호를 파지 않아도 우리 국군이 공산군을 다 무찌를 거라는 '멸공'.

그리고 많은 세월이 지난 지금, 먼 이국땅에서 또 다른 전쟁을 앞두고 나를 찾아온 것은 분노다. 문득문득 치밀어올라 숨쉬는 박자를 놓치게 만드는 분노. 그 분노로 나는 책방을 서성거린다. 뭔가를 읽지 않고는 해소할 수 없을 것 같은 이 무력한 분노에 동반자가 필요했기 때문이다.

　서점에도 전쟁의 기운이 가득하다. '미국', '이라크', '전쟁', '반미' 등의 단어들이 즐비한 사회과학 도서 코너를 지나 철학 분야로 발걸음을 돌린다.

　'칸트_『영원한 평화를 위하여』'

　그래, 우리에게서 멀어져가려는 '평화'를 읽기로 하자. 그래서 평화를 추모하자.

거리엔 비 내리고

2003년 12월 23일.

지하철 안엔 몇 군데 자리가 비어있었다. 나는 앉지 않고 문 쪽에 있는 접혀진 간이의자를 기대고 섰다. 내 맞은편 간이의자에 앉은 짙은 군청색 양복을 입은 남자는 시사주간지를 읽고 있었다. 지하철은 북역을 떠나 동역에 도착했다. 거기서 많은 사람들이 내리고, 내린 수보다 적은 사람들이 올라탔다.

"삐이―!"

지하철이 출발 신호를 울리고 문이 반쯤 닫힐 즈음, 한 남자가 문을 비집고 지하철에 오르려 했다. 나는 그를 도와 닫히려는 문을 힘껏 양쪽으로 밀었다. 맞은편에 앉았던 남자도 일어서서 우리를 도왔다.

"메르시(고맙습니다), 메르시."

올라탄 남자는 나와 맞은편 남자에게 번갈아 인사를 하곤 우리 중

간에 서서 큰 소리로 얘기하기 시작했다.

"메담 제 메시외(신사, 숙녀 여러분), 저는 두 아이를 둔 가장입니다. 큰애가 여섯 살이고, 작은애는 세 살입니다. 아주 사랑스런 아이들이죠. 아이들 엄마요? 1년 전에 병으로 죽었습니다. 그때부터 전 알코올 중독자가 되었고, 가정은 파탄될 지경에 이르렀습니다. 물론 제 가족에게 닥친 일이 여러분 탓은 아닙니다. 아니 누구의 잘못도 아닙니다. 어쩌면 제 가족의 운명일지도 모릅니다. 저도 아이들도 어쩔 수 없이 받아들일 수밖에 없는 운명 말입니다. 그러나 이제 저는 술을 끊고 과거의 괴로움에서 벗어나 새로운 길을 찾으려고 노력하고 있습니다. 제가 오늘 이 자리에서 여러분에게 요구하는 것은 이런 저에게 용기를 달라는 것입니다. 1유로도 좋고 1상팀도 좋습니다. 아니면 식권이나 지하철표라도 괜찮습니다. 아무거나 좋습니다. 아니 그것도 아니면 미소라도 제게 보내주십시오. 부디 행복한 크리스마스 보내십시오. 제 얘기에 귀기울여 주셔서 대단히 감사합니다. 감사합니다."

남자는 호주머니에서 꺼낸 조그만 주머니를 지하철 안에 있는 사람들에게 돌렸다.

"메르시 보쿠(대단히 감사합니다)!"

그는 돈을 받을 때마다 큰 소리로 감사하다고 인사했다. 인사하는 그 소리가 잦은 것으로 보아 많은 사람들이 적선하는 모양이었다.

"메르시 보쿠, 메르시 보쿠, 행복한 크리스마스 보내세요."

남자는 만족한 듯 여러 차례 인사하면서 레알역에 내려선 다시 한 번 큰 소리로 외쳤다.

"메르시 보쿠."

레알역에서 많은 사람이 내리고 타는 바람에 내 주위에 서있던 사람들이 완전히 바뀌었다. 맞은편에 앉아있던 남자도 내렸는지 보이지 않았다. 다음 역에서 지하철을 갈아타야 하므로 나는 문 쪽으로 바짝 다가섰다. 출발 신호가 나자, 지하철은 이내 쇳소리를 내며 달렸다.

"메담 제 메시외… 집도… 직업도… 36세… 도와주십시오."

지하철의 쇳소리와 사람들의 잡담 사이로 또 다른 구걸 연설이 토막토막 끊기며 간간이 들려왔다.

'국회의사당' 지하철역.

국회의사당 지하철역에는 부조로 된 조각상을 그대로 납작하게 누른 듯한 벽화가 있다. 검은색 실루엣만 드러나는 형상을 구별할 수 없는 이 그림이 정치인의 속성을 상징하려 한 것이라면, 아주 성공했다는 생각이 들었다. 지하철역 출구 계단으로 오르며 바라본 파리 7구 거리에는 겨울비가 주르륵—내리고 있었다. 지난 주 금요일부터 계속해서 내리고 있는 비.

도시에 비 내리듯

내 마음에 눈물 내린다.

내 가슴을 파고 드는

이 슬픔은 무엇일까?

오, 비의 부드러운 소리여

대지 위로 지붕 위로!

답답한 가슴을 적시는

오, 비의 노래여!

이 역겨운 마음 속에
이유도 없이 눈물 내린다.
뭐야! 배반도 없었는데?
이 통곡엔 이유가 없구나.

가장 괴로운 고통은
이유도 모르는 것
사랑도 없이 증오도 없이
내 마음에 가득한 고통이여!

_ 베를렌느「내 마음에 눈물 내리네」

베를렌느(1844~1896년, 프랑스 서정시인)가 "도시에 비 내리듯 내 마음에 눈물 내린다."라고 노래한 비다. 파리에 내리는 비는 한꺼번에 쏟아져내리지 않고 온다 간다 기척도 없이 조용히 오래도록 내린다. 거리에 내리는 비에 비유된 슬픔이 장소에 따라 다르게 와닿는 게 새삼스러웠다.

'그는 도대체 얼마나 오랜 시간을 소리도 없이 울었다는 말인가? 저 지긋지긋한 비처럼?'이라는 데 생각이 미치자 멈칫해졌다. '나는 이제 파리를 투덜거리며 돌아다닐 정도로 여기에 적응해버렸나 보다. 그래서 더는 관광객의 설렘으로 에펠탑을 바라볼 수 없게 됐구나.'

베를렌느의 시구처럼 가슴까지 적시지는 않지만, 도시의 보도를 적시며 바람 따라 휘날리는 빗줄기를 피해 카메라 가방을 잠바 속으로 감추며 준비해온 우산을 펴들었다.

"앞에 뜨거운 거 조심하세요!"

레스토랑 앞에서 해산물을 진열하던 가르송(식당 점원)이 내 우산을 피하며 농담조로 말했다.

"파르동(죄송해요). 이 비 때문이에요! 겨울비라니! 그런데 국회의사당 뒷길이 이쪽으로 가면 되나요?"

가르송을 피하려다 바람을 맞아 살이 휘어지려는 우산을 바람이 불어오는 쪽으로 돌리며 내가 물었다.

"쭉 가다가 오른쪽으로 돌아 계속 가면 돼요."

"메르시! 즐거운 크리스마스 보내세요!"

형식적인 인사말을 던지며, 빤히 아는 길을 두고 곧장 쭉 갈 것인지, 둘러 갈 것인지로 잠시 망설였다.

11시 20분.

약속시간까지는 아직 40분이나 남아있었다. 총총걸음에 브레이크를 걸며 느슨하게 주위를 둘러보았다. 어디 들어가서 인터뷰 내용을 정리해야겠다는 생각에서였다. 내부가 훤히 들여다보이는 레스토랑은 크리스마스 장식에도 불구하고 축제 전야라기보다는 축제가 끝나버린 뒷모습처럼 어수선해보였다. 레스토랑 바로 옆에 있는 빵집으로 들어갔다. 여점원이 두 명인 빵집 안은 밖에서 봤던 것보다 훨씬 넓었다. 간단한 샌드위치류를 팔고 있는지 탁자와 의자들이 있었다.

"크루아상(초승달 모양으로 만든 작은 빵) 하나하고, 카페 알롱제(에스프레소보다 묽은 커피) 한 잔 주세요."

스탠드바 쪽으로 자릴 잡았다. 나누던 대화를 중단하고 점원 한 명이 내 자리 바로 앞에 있는 커피 뽑는 기계로 다가왔다. 긴 머리를 단정하게 위로 올린 뒷모습을 내게로 돌리자 에스프레소 기계가 증기기관차처럼 "피식—!" 하며 증기를 뿜어냈다.

"좀 난데없는 질문이겠지만, 혹시 선호하는 정치인이 있으세요?"

여자는 약간 어리둥절한 표정으로 나를 잠시 바라보다가 내 옆에 놓인 카메라 가방과 메모 수첩으로 눈길을 보내더니 사색하는 표정을 지어보였다.

"내년 3월에 있을 지방선거 때 투표하실 건가요? 작년에 대선 투표는 하셨겠죠?"

그녀가 대답하기에 까다롭지 않도록 단답형으로 질문을 바꿔보았다.

"대선 때는 르펜을 반대하기 위해 투표를 안 할 수가 없었죠. 하지만 정치인에게 관심을 가질 만큼 정치에 관심은 없어요. 선호하거나 존경할 만한 인물도 없고. 정치인을 믿을 만큼은… 정기적으로 정치인들의 비리가 미디어를 타고 흐르는데…."

정말로 맘에 드는 정치인이 없다는 걸 강조하려는 듯, 마지막 구절에서 여자는 입을 삐죽거리며 어깨를 들썩거려보였다.

"후후, 정치가 세상을 바꿀 수 있다고 믿지 않으시나 봐요. 아니면 혹시 많은 프랑스인들처럼 더는 변화를 원치 않는 건 아니세요?"

내 말에 씁쓸한 미소를 지어보인 여자는 잠시 입맛을 다시다가, "더

비 내리는 샹젤리제 거리.
파리에 내리는 비는 한꺼번에 쏟아져내리지 않고 온다는 소리나 간다는 기척도 없이 조용히 오래도록 내린다.

나빠지지만 않으면 그나마 다행이죠."라고 응수했다.

"그렇죠. 더 나빠지지만 않으면…. 얼마죠?"

그녀의 말을 따라하면서 자리에서 일어섰다.

11시 47분.

베를렌느 가슴에 "이유도 없이" 흘러내렸던 슬픔처럼, "사랑도 없이 증오도 없이" 거리엔 아직도 비가 내리고 있었다. 빗줄기가 아까보다 굵어져있었다. 나보다 한참 먼저 태어나 죽어간 시인의 감상이 마치 유령처럼 배어나는 비를 우산으로 가리며 국회의사당으로 향했다.

바람 방향 따라 우산을 이리저리 돌리며 걷는데 차 한 대가 내 옆을 지나며 차도에 고인 물을 튀겼다.

"메르드(제기랄)!"

센 강 위로 부는 바람

2004년 3월 20일.

토요일의 레알역 주변 분위기를 가장 적절히 표현할 수 있는 단어는 '빽빽함'이다. 역을 드나드는 사람들의 빽빽한 행렬 속에서 자동계단을 타고 상가 쪽으로 올라갔다. 아까보다 더 많은 사람들이 멈추거나 움직여 빽빽함에다 무질서까지 더해졌다. 나는 사람들 틈을 아무렇게나 비집고 나와, 겨우 지하를 빠져나왔다.

회색 하늘 아래에서 바람은 이리저리 불고 있었다. 정확히 계절을 짐작하기 힘든 날씨 탓에 사람들 옷차림이 다양했다. 날씨에 걸맞게 봄, 가을, 겨울을 마구 섞어놓은 듯한 사람들의 옷차림이 회색 도화지에 아무 색으로나 마구 찍어놓은 점들처럼 보였다. 청바바리를 입은 나도 그들과 나란히 회색 도화지에 한 발짝씩 파란 점을 찍어내며 보도를 걸었다.

앞서 걷는 여자의 구두 굽 소리가 경쾌했다. 사거리에서 여자가 오른쪽으로 돌아서자 뾰족한 구두코가 마치 화살표 같았다. 여자 발 모양을 상상하기 힘들 정도로 폭이 좁고 끝이 아주 뾰족한 구두는 여자의 걸음 따라 오른쪽으로 멀어져갔다.

'뾰족구두가 유행인가?'

구두를 보니 문득 초록색에 노란색으로 악센트를 준 앤디 워홀의 뾰족구두 데생이 떠올랐다.

'팝아트'

레알지역은 유난히 젊은이들이 북적대고, 저렴한 옷가게들이 즐비하며 패스트푸드 식당들이 많아 내게 팝아트를 떠올리게 하는 곳이다. 거기서 멀지 않은 곳에 현대미술관, 퐁피두 센터가 있어서 더 그런지도 모르겠다.

워홀의 마릴린 먼로 초상화를 원본보다 더 원색적으로 찍어낸 티셔츠를 팔 것만 같은 옷가게들을 지나 좁은 차도를 끼고 있는 보도로 접어들었다. 두 사람이 손잡고 나란히 걸을 수 있을까 싶은 좁은 보도를 오가는 사람들은 맞은편에서 오는 사람들을 위해 몸을 옆으로 돌리거

나 차도로 내려섰다 보도로 올라서는 동작을 반복하면서 걸었다.

고프르(서양 과자)를 파는 가게 앞을 지나는데 과자를 굽는지 버터 냄새가 물씬 풍겨왔다. 테라스 카페를 가득 메운 사람들은 추위에도 아랑곳없이 밝은 표정으로 정담을 나누고 있었다. 쌀쌀한 날씨를 버터 냄새로 데우고 있는 그곳을 지나 퐁피두 센터 쪽으로 걸어갔다.

팝아트를 떠오르게 하는 레알지역.
이곳엔 항상 젊은이들이 북적대고, 저렴한 옷가게와 패스트푸드 식당이 즐비하다.

이곳에서 파리 3, 4구의 마레지역 쪽으로 향할 때면 퐁피두 센터를 기점으로 팝아트가 초현실주의로 바뀌는 듯한 느낌을 받곤 한다. '앙드레 브르통의 세기적 전시회'라는 거대한 포스터가 걸려있던 퐁피두 센터의 모습이 내 기억 속에 남아있기 때문인지도 모르겠다.

랑뷔토역으로 가까워지자, 길 건너에서 이쪽으로 손을 흔드는 예쁘장한 남자가 눈에 들어왔다. 남자가 부르는 상대가 누군가 해서 주위를 둘러보았다. 문득 언젠가 랑뷔토역에서 만났던 D의 모습이 떠올랐다.

당시 나는 그 근처 마레지역에 살았는데 그곳은 유흥가라 주말 저녁이면 항상 잠을 설쳐야 했다. 그런 어느 날 밤 우연히 여장을 한 D를 만났다. 몸에 들러붙는 긴 치마 때문에 몸매가 여실히 드러난 D를 본 나는 인사조차 잊었다. 그런 옷이 군살 없는 남자 몸매를 직선이 아니라 곡선으로 만들어낸다는 사실이 새삼스러웠다. 긴 파마머리를 풀어헤친 D는 나에게 미소를 지어보였다. 옷차림에 잘 어울리는 미소였다. 치마 입고 화장을 한 그의 분위기와 그의 등 뒤의 실루엣이, 파랗고 하얀 파이프를 드러낸 퐁피두 센터와 잘 어울렸다.

'그는 지금쯤 성전환 수술을 했을까?'

퐁피두 센터. 정식 명칭은 국립 조르주퐁피두 예술 문화 센터.
거대한 철골 트러스 속에 여러 가지 예술, 문화 시설을 갖춘 건물로 조르주 퐁피두 전 대통령의 문화 정책으로 건설됐다.
건축 양식이 독특해 현대 미술과 건축 분야에서 걸작품으로 손꼽힌다.

D를 처음 만났던 그해 여름, 그의 얼굴에서 내가 읽었던 것은 외로움이었다. 남자 성기를 가지고 있지만 여자라고 생각하는 그가 화장실로 향할 때마다 느꼈을 외로움을 그 시절에 나는 가끔씩 헤아려보곤 했다.

'성전환 수술을 했다면… 그는 더는 외롭지 않을까?'

퐁피두 센터를 지나 마레지역 쪽으로 걸음을 옮기려는데 길 저쪽에서 마이크 소리가 들려오기 시작했다.

"평화를 위하여."

이라크 침공 1주년을 되새기는 평화수호 시위 행렬. 이날은 바스티유 광장에서 샤틀레까지 행진하기로 했는데 시위대는 북쪽으로 거슬러 올라갔다가 레퓌블리크 광장을 돌아오는 모양이었다. 그러고 보니 적당한 시간에 적당한 장소에 도착한 셈이었다.

시위대가 가까이 오기를 기다리면서 신문가게에서 신문을 샀다. 화보지 <르 몽드2>와 함께 2유로에 파는 <르 몽드>를 집어들며 호주머니 잔돈을 모두 끄집어냈다. 벽돌색과 금색 잔돈들 중에서 1상팀짜리 동전 하나가 손가락 사이로 떨어져선 신문가게 앞으로 굴러가 버렸다.

'다음주부터는 2.50유로라던데, 그럼 프랑으로는?'

유로를 사용한 지 몇 년이 흘렀지만, 물가는 늘 프랑으로 환산해야 피부에 와닿는다. 1유로짜리 동전을 오른손에 집어든 채, 벽돌색 상팀 잔돈을 헤아려보다가 그만두고 50상팀짜리 동전 두 개를 챙겨서 신문가게 주인에게 건넸다.

신문 1면 상단은 일요일에 치를 지방선거 소식이 차지했다. 하단에는 제목에 이라크를 프랑스어로 쓴 'IRAK'가 붙은 두 기사가 실려있었다.

'편지로 프랑스 정부에 테러를 경고했던 무리들은 'Irak'가 아니라 'Iraq'라 적었다던가?'

프랑스어로 비문이나 오자 없이 수려하게 써내려 갔던 그 편지에서 유독 이라크만 영어식으로 쓰여져 있었다고 어느 이슬람 전문가는 지적했었다. 그는 그 편지는 이슬람 문화를 충분히 담고 있지만 알카에다 성향은 아니라고도 했었다.

문체로 나타난 문화코드,

Iraq

Irak

프랑스식?

이슬람식?

알카에다식?

…

내식

네식

우리식

그들식

…

신문을 덮고 화보집 <르 몽드2>를 펼쳐들었다. <르 몽드2> 표지에는 종군 기자 장 아츠펠드의 퀭한 얼굴이 흑백사진으로 크게 실려있었다.

"스포츠 기자에서 종군 기자로… 보스니아를 거쳐… 르완다… 이후 그는 르완다의 그리오(griot, 아프리카의 무당)가 되어버렸다….”

사진은 르완다 '무당'에 비교된 종군 기자라는 이미지에 어울리도록 억지로 연출한 것 같았다. 아니면 르완다 대학살이 그의 얼굴에 남겨놓은 표정인지도…. 아츠펠드 기사가 실린 면으로 신문을 넘겼다. 짐작대로 인종 말살 얘기보다는 그것을 지켜본 기자에게 초점을 맞춘 인물기사라 거기에도 그의 사진이 실려있었다. 컬러사진으로 실린 그의 모습은 흑백사진보다 젊어보였다. 표지 사진보다 훨씬 더 무표정했지만 컬러의 색감 때문인지 흑백에서보다 덜 차가워보이는 듯도 했다.

총 7쪽으로 구성된 기사 중에 인종 말살이 남겨놓은 해골들을 담은 사진이 시선에 들어왔다. "학살 장소에서 모은 해골들"이라는 설명이 붙은 사진 왼쪽에 "학살에서 살아남은 한 어머니"라는 설명이 붙은, 한 여인이 두 살 남짓한 아이를 안고 서있는 사진이 있었다.

"학살자들이 출감하여 부락으로 되돌아오고 있다. 그들 중에는 학살에서 살아남은 이들과 바로 이웃인 경우도 있다. 놀랍고 경악할 일이기도 하다. 그리고 나는 아직 그 속에 있다."

오렌지색으로 약간 크게 발췌해놓은 인터뷰 내용이다. '학살, 공존, 분노'라는 단어들이 어지럽게 섞여있는 기사를 훑고 있다가 시위대 행렬이 코앞을 지나고 있음을 알아차리고 잡지를 가방 안에 챙겨넣었다. '르완다 기사를 써야겠다.'라고 생각하며 가방 단추를 잠그고 앞을 바라보았다.

"이라크는 이라크 국민에게!", "이라크 점령은 안 돼!"라는 구호를 외치면서 시위대가 내 앞을 지나갔다. 시위 행렬 곳곳에서 체 게바라가 그려진 깃발과 팔레스타인 국기들이 펄럭이고 있었다. 휘날리는 깃발 때문인지 바람이 아까보다 세어진 듯했다.

"부시, 블레어, 아스나르, 샤론, 시라크… 살인자!"라고 적힌 피켓을 든 사람들은 가슴에 '반전', '평화'라고 쓰인 스티커를 붙이고 있었다. 그중 한 남자가 나한테 유인물을 주며 마이크 소리를 따라 구호를 외쳤다.

"팔레스타인, 벽은 안 돼!"

"지구의 평화를 위해!"

"… 평화를… 위해!"

나도 그를 따라 외쳤다.

"이라크에서나 다른 데서나 저항, 노동자, 여성 그리고 실업자!"

"계층 불평등, 계층 간의 영원한 전쟁을 반대한다."

"우리들, 세계 시민들… 전쟁을 반대하여, 우리의 무기들을 놓지 않는다."

"인터넷의 자유를 해치는 법안에 반대하며, 중국·미얀마·이란 등에도 인터넷의 자유를!"

반전과 평화를 외치는 수많은 구호들이 그 공간을 메우고 있었다. 그런 구호들이 어지럽게 적힌 유인물들을 주고받으면서 우리는 어느덧 파리 시청을 왼쪽으로 끼고 센 강 쪽으로 향했다. 쭉 나와 같이 걸었던 쟌느에게 물었다.

"이토록 정신분열적인 시대에 우리는 도대체 무엇을 위해 살아야 하는 걸까?"

"글쎄… 나도 정확히 모르지만, 그래서 '무엇을'이라는 데 대해 답할 수는 없지만, 그러나 분명한 건… 우리가 처한 상황을 좀더 명확히 이해하려고 노력해야 한다는 거 아닐까? 이렇듯 정신분열적인 시대의

그날 우리는 파리 시청을 끼고 센 강으로 향했다. 정신분열적인 이 시대에 도대체 우리는 무엇을 해야 할까.

노예가 되지 않으려면 말야. 적어도 내가 처한 상황이 어떻게 변해가는지는 인식할 수 있도록….”

"지금 우리가 이 자리에서 하는 것처럼?"

"아마도….”

시위 행렬의 종착지 샤틀레에도 바람이 불고 있었다.

센 강 위를 스쳐왔을 바람은, 깃발 속의 '체 게바라'를 날리고 플래카드 속의 평화를 날리다가 자유와 평화를 외치는 사람들의 머리카락과 옷깃을 스쳐 이윽고, 검은색 차도르를 쓴 여인들에게로 도착해서는 검은 물결 같은 파장을 만들어내고 있었다.

인용한 책들

Albert Camus, *Chroniques Algériennes 1939-1958*, Gallimard, 1958.

———————, *Le mythe de Sisyphe*, Gallimard, 1985.

Brigitte Bardot, *Un cri dans le silence*, Rocher, 2003.

Catherine Millet, *La vie sexuelle de Catherine M*, Seuil, 2002.

Charles Baudelaire, *Les fleurs du mal*, Presses Pocket, 1989.

Emile Durkheim, *Les règles de la méthode sociologique*, Puf, 1999.

———————, *De la division du travail social*, Puf, 1998.

Gabriel Cohn-Bendit, *Lettre ouverte à tous ceux qui n'aiment pas l'école*, LBM, 2003.

George Orwell, *1984*, Gallimard, 1950.

Habib Souaidia, *la sale guerre*, Gallimard, 2001.

José Bové et François Dufour, *Le monde n'est pas une marchandise*, Decouverte, 2001.

Luc Ferry et Xavier Darcos, *Lettre à tous ceux qui aiment l'école pour expliquer les réformes*, Odile Jacob, 2003.

Marguerite Duras, *L'amant,* Minuit, 1984.

Michel Houellebecq, *Plateforme,* Flammarion, 2001.

Michel Legris, *Le monde tel qu'il est*, Plon, 1976.

Mohammed Dib, *Simorg,* Albin Michel, 2003.

Montesquieu, *Lettres persanes*, Flammarion, 1998.

Pascal Boniface, *Est-il permis de critiquer Israël?*, Robert Laffont, 2003.

Raymond Queneau, *Zazie dans le métro*, Gallimard, 1959.

René Louis, *Tristan et Iseult*, LGF, 1972.

Pierre Bourdieu, *La misère du monde*, Seuil, 1993.

——————————, *Sur la télévision*, Liber, 1996.

Pierre Péan et Philippe Cohen, *La face cachée du Monde*, Mille et une nuits, 2003.

Roger Garaudy, *Les mythes fondateurs de la politique israélienne*, Samiszdat Roger Garudy, 1996.

Vitor Hugo, *Oeuvres complètes de Victor Hugo : politique,* Robert Laffont, 2002.

Vincent Van Gogh, *Lettres à son frère Théo*, Grasset, 1972.

Voltaire, *Traité sur la tolérance*, Gallimard, 1993.

언론지

<르 몽드 Le Monde>, <리베라시옹 Liberation>, <르 파리지앵 Le Parisien>, <르 피가로 Le Figaro>, <뤼마니테 L'Humanité>, <마가진 리테레르 Magazine litteraire>, <리르 lire>, <르 누벨 옵세르바퇴르 Le Nouvel observateur>, <르 몽드2 Le Monde2>, <라 크루아 La Croix>, <르 몽드 디플로마티크 Le Monde diplomatique> 등.